بِسْمِ اللَّهِ الرَّحْمَٰنِ الرَّحِيمِ

Die Erläuterung der Glaubenslehre der Ahl as-Sunnah wa al-Ǧamāʿah und die Pflicht, ihr zu folgen

Dr. Saʿīd Ibn ʿAli Ibn Wahf al-Qaḥṭani

Abend-Vortrag vom 10.5.1418 n.H. (1997 n.Chr.) in der großen al-Imām Turkī Ibn ʿAbdullāh Moschee in Riyaḍ

Angeordnet, zusammengestellt und bestätigt durch

Šayḫ ʿAbd al-ʿAzīz bin ʿAbdillāh Ibn Bāz,

Großmufti des Saudi-Arabischen Königreiches und Vorsitzender des Ausschusses der großen Gelehrten, sowie der Leitung der wissenschaftlichen Abhandlungen und Rechtsgutachten (Fatawa)

Original Titel:
بيان عقيدة أهل السنة والجماعة ولزوم اتباعها

Titel:
Die Erläuterung der Glaubenslehre der Ahl as-Sunnah wa al-Ǧamāʿah und die Pflicht, ihr zu folgen

Autor : Dr. Sa'īd Ibn 'Ali Ibn Wahf al-Qaḥṭani
Übersetzer: : Muhammed Zubairi, Aischa S.Senff
Sprachliches Lektorat : Kommission
Islamisches Lektorat : Muhamed Ciftci (abuanas.de)
Grafik & Design : Umm Numan
ISBN : 978 – 3 – 941878 – 37 – 2
Preis : 6,99 €

Moschee-Verlag
Muhamed Ciftci
Aussigstr. 4
38114 Braunschweig

Tel: +49. 171. 1821582
Email: kontakt@moscheeverlag.de
www.moscheeverlag.de

Haftungsausschluss:

Der Moschee-Verlag hat es sich zur Aufgabe gemacht, zu einem besseren Verständnis über den Islām als Lehre und Lebensweise beizutragen. Des Weiteren bietet er den deutschsprachigen Muslimen eine Stütze, um sich sachgerecht in deutscher Sprache über ihre Religion zu informieren. Ebenso beabsichtigen wir, Missverständnisse und Vorurteile über den Islām abzubauen. Wichtig hierbei ist es uns, dass man auf die Quellen des Islām zurückgreift, d. h. auf den edlen Qur'ān und die authentische Sunnah, und zwar mit dem Verständnis unserer rechtschaffenen Vorfahren (Salaf aṣ-sāliḥ). Wir möchten darauf hinweisen, dass alle Veröffentlichungen, die unter anderem aus dem Arabischen übersetzt worden sind, gewisse Praktiken eines islāmischen Staates mit islāmischer Rechtsprechung beinhalten, und somit nach deutschen Maßstäben missverstanden werden könnten. Diese sollten nicht zum Aufruf, sondern zur Aufklärung über die islāmische Sichtweise verstanden werden. Unser Ziel ist es nicht, gewaltverherrlichende Aussagen zu verbreiten oder Unruhe zu stiften. Der Islām ist vielmehr eine Religion des Friedens, der Toleranz und des Wissens.

INHALTSVERZEICHNISS

EINLEITUNG

Alles Lob gebührt wahrlich Allāh. Wir preisen Ihn und ersuchen einzig Seine Hilfe und Vergebung. Wir suchen Zuflucht bei Allāh vor dem Übel unserer selbst und unserer schlechten Taten. Wen Allāh rechtleitet, der kann nicht irregeführt werden, und wen Allāh irregehen lässt, der kann nicht rechtgeleitet werden.

Ich bezeuge, dass niemand das Recht hat, angebetet zu werden, außer Allāh - Er ist einzig und ohne Teilhaber. Und Ich bezeuge, dass Muḥammad (ﷺ) Sein Diener und Gesandter ist. Frieden und Segen seien auf ihm, seiner Familie, seinen Gefährten und denjenigen, die ihnen im Guten bis zum Tage des Jüngsten Gerichts in Güte folgen.

يَا أَيُّهَا الَّذِينَ آمَنُوا اتَّقُوا اللَّـهَ حَقَّ تُقَاتِهِ وَلَا تَمُوتُنَّ إِلَّا وَأَنتُم مُّسْلِمُونَ

„Oh, die ihr glaubt, fürchtet Allāh in einer Ihm gebührenden Furcht und sterbt ja nicht anders, denn als (Allāh) Ergebene!“[1]

---

[1] Āl-ʿImrān 3:102

يَا أَيُّهَا النَّاسُ اتَّقُوا رَبَّكُمُ الَّذِي خَلَقَكُم مِّن نَّفْسٍ وَاحِدَةٍ وَخَلَقَ مِنْهَا زَوْجَهَا وَبَثَّ مِنْهُمَا رِجَالًا كَثِيرًا وَنِسَاءً وَاتَّقُوا اللَّهَ الَّذِي تَسَاءَلُونَ بِهِ وَالْأَرْحَامَ إِنَّ اللَّهَ كَانَ عَلَيْكُمْ رَقِيبًا

„Oh, ihr Menschen, fürchtet euren Herrn, der euch aus einem einzigen Wesen schuf, und aus ihm schuf Er seine Gattin und ließ aus beiden viele Männer und Frauen sich ausbreiten. Und fürchtet Allāh, in Dessen (Namen) ihr einander bittet, und die Verwandtschaftsbande. Gewiss, Allāh ist Wächter über euch."[1]

يَا أَيُّهَا الَّذِينَ آمَنُوا اتَّقُوا اللَّهَ وَقُولُوا قَوْلًا سَدِيدًا ﴿٧٠﴾ يُصْلِحْ لَكُمْ أَعْمَالَكُمْ وَيَغْفِرْ لَكُمْ ذُنُوبَكُمْ وَمَن يُطِعِ اللَّهَ وَرَسُولَهُ فَقَدْ فَازَ فَوْزًا عَظِيمًا ﴿٧١﴾

„Oh die ihr glaubt, fürchtet Allāh und sprecht treffende Worte, so lässt Er eure Werke als gut gelten und vergibt euch eure Sünden. Und wer Allāh und Seinem Gesandten gehorcht, der erzielt ja einen großartigen Erfolg."[2]

---

[1] An-Nisāʾ 4:1
[2] Al-Aḥzāb 33:70-71

Wahrlich, das beste Wort ist das Wort Allāhs, der Qur'ān, und der beste Weg ist das Befolgen des Propheten Muḥammad (ﷺ). Die schlimmste Angelegenheit in der Religion ist die Erneuerung. Jede Erneuerung in der Religion ist eine Bidʿah[1], und jede Bidʿah ist eine Irreführung und jede Irreführung endet im Höllenfeuer.[2]

Es besteht keinen Zweifel daran, dass die Anbetung in Taten und Aussagen nur dann von Allāh akzeptiert und angenommen wird, wenn sie basierend auf der richtigen Glaubenslehre (arab. ʿAqīdah) ausgeführt wird. Denn wahrlich, wenn die Glaubenslehre fehlerhaft und nichtig ist, so ist auch das, was darauf beruht, nichtig. Diese Tatsache bestätigt, dass das Erlernen der richtigen Glaubenslehre zu den wichtigsten Aufgaben und Pflichten in der Religion gehört, da auch die Annahme der Taten und Worte dadurch bedingt ist. Weiterhin kann die Glückseligkeit, sowohl im Diesseits, als auch im Jenseits, nicht empfunden werden, außer durch das Festhalten an der richtigen ʿAqīdah und dem sich

---

[1] Arab. Bidʿah: Jede erfundene Tat, mit der man beabsichtigt, Allāh anzubeten. (Anm. des Übers.)

[2] Siehe: „Ḫuṭbat ul-Ḥāǧah, die der Prophet (ﷺ) seinen Gefährten beibrachte" von dem großen Gelehrten Muḥammad Nāṣir ud-Dīn al-Albānī, S. 3-35.

Fernhalten von Angelegenheiten, Taten und Worten, die sie nichtig machen.

Die richtige Glaubenslehre ist diejenige der siegreichen und geretteten Gruppe: Der Ahl as-Sunnah wa al-Ğamāʿah. Sie beruht auf dem wahrhaftigen Glauben an Allāh, Seine Engel, Seine Offenbarungsbücher, Seine Gesandten (ﷺ), den Jüngsten Tag und an die Vorherbestimmung, bringe sie Gutes oder Schlechtes. Diese ʿAqīdah beinhaltet alle Aussagen Allāhs und Seines Gesandten (ﷺ) und alles, was diesen Grundlagen folgt, aus ihnen resultiert, auf sie zurückzuführen und darin inbegriffen ist. Der grundlegende Beweis dafür ist Allāhs Wort:

لَّيْسَ الْبِرَّ أَن تُوَلُّوا وُجُوهَكُمْ قِبَلَ الْمَشْرِقِ وَالْمَغْرِبِ
وَلَٰكِنَّ الْبِرَّ مَنْ آمَنَ بِاللَّهِ وَالْيَوْمِ الْآخِرِ وَالْمَلَائِكَةِ
وَالْكِتَابِ وَالنَّبِيِّينَ

„Nicht darin besteht die Güte, dass ihr eure Gesichter gegen Osten oder Westen wendet. Güte ist vielmehr, dass man an Allāh, den Jüngsten Tag, die Engel, die Bücher und die Propheten glaubt…“[1]

---

[1] Al-Baqarah 2:177

أَلَمْ تَعْلَمْ أَنَّ اللَّـهَ يَعْلَمُ مَا فِي السَّمَاءِ وَالْأَرْضِ إِنَّ ذَٰلِكَ فِي كِتَابٍ إِنَّ ذَٰلِكَ عَلَى اللَّـهِ يَسِيرٌ

„Weißt du denn nicht, dass Allāh weiß, was im Himmel und auf der Erde ist? Gewiss, das steht in einem Buch; gewiss, das ist Allāh ein Leichtes.“[1]

ءَامَنَ الرَّسُولُ بِمَا أُنزِلَ إِلَيْهِ مِن رَّبِّهِ وَالْمُؤْمِنُونَ كُلٌّ آمَنَ بِاللَّـهِ وَمَلَائِكَتِهِ وَكُتُبِهِ وَرُسُلِهِ لَا نُفَرِّقُ بَيْنَ أَحَدٍ مِّن رُّسُلِهِ وَقَالُوا سَمِعْنَا وَأَطَعْنَا غُفْرَانَكَ رَبَّنَا وَإِلَيْكَ الْمَصِيرُ

„Der Gesandte glaubt an das, was zu ihm von seinem Herrn (als Offenbarung) herabgesandt worden ist, und ebenso die Gläubigen; alle glauben an Allāh, Seine Engel, Seine Bücher und Seine Gesandten - Wir machen keinen Unterschied bei jemandem von Seinen Gesandten. Und sie sagen: "Wir hören und gehorchen. (Gewähre uns) Deine Vergebung, unser Herr! Und zu Dir ist der Ausgang."“[2]

---

[1] Al-Ḥaǧǧ 22:70
[2] Al-Baqarah 2:285

يَا أَيُّهَا الَّذِينَ آمَنُوا آمِنُوا بِاللَّـهِ وَرَسُولِهِ وَالْكِتَابِ الَّذِي نَزَّلَ عَلَىٰ رَسُولِهِ وَالْكِتَابِ الَّذِي أَنزَلَ مِن قَبْلُ وَمَن يَكْفُرْ بِاللَّـهِ وَمَلَائِكَتِهِ وَكُتُبِهِ وَرُسُلِهِ وَالْيَوْمِ الْآخِرِ فَقَدْ ضَلَّ ضَلَالًا بَعِيدًا

„Oh, die ihr glaubt, glaubt an Allāh und Seinen Gesandten und an das Buch, das Er Seinem Gesandten offenbart und die Schrift, die Er zuvor herabgesandt hat. Wer Allāh, Seine Engel, Seine Schriften, Seine Gesandten und den Jüngsten Tag verleugnet, der ist fürwahr weit abgeirrt.“[1]

Auch sagt Er:

إِنَّا كُلَّ شَيْءٍ خَلَقْنَاهُ بِقَدَرٍ

„Gewiss, Wir haben alles in (bestimmtem) Maß erschaffen.“[2]

Es wird auch in der Überlieferung von dem Führer der Gläubigen, Omar ibn al-Ḫaṭṭab, berichtet, dass Ǧibrīl (عليه السلام) den Propheten (ﷺ) über den Īmān befragte. Der Prophet (ﷺ) antwortete: *„...Īmān ist, dass du an Allāh, Seine Engel, Seine Bücher, Seine*

---

[1] An-Nisāʾ 4:136
[2] Al-Qamar 54:49

Gesandten und an den Jüngsten Tag glaubst, und dass du an die Vorherbestimmung glaubst, bringe sie Gutes oder Schlechtes.“[1]

Dies sind im Allgemeinen die Grundlagen der Ahl as-Sunnah wa al-Ǧamāʿah. Hieraus ergeben sich jedoch folgende Fragen:

Was bedeutet eigentlich ʿAqīdah?

Was ist die Ahl as-Sunnah wa al-Ǧamāʿah?

Was sind ihre Bezeichnungen und Eigenschaften?

Was sind ihre detaillierten Grundlagen?

Welche Glaubensangelegenheiten leiten sich aus diesen Grundlagen ab?

Diese Fragen werden in den folgenden Kapiteln in einer kurzen, aber detaillierten Fassung beantwortet.

---

[1] Überliefert in Ṣaḥīḥ al-Buḫārī, Buch „al-Īmān“, Kapitel „Suʾāl Ǧibrīl an-Nabīyya ʿan il-Īmān wa il-Islām wa al-Iḥsān wa ʿIlm is-Sāʿah“, Nr. 50; Ṣaḥīḥ Muslim, Buch „al-Īmān“, Kapitel „Bayān al-Īmān wa al-Islām wa al-Iḥsān“, Nr. 8.

1. Kapitel: Die Erläuterung der ʿAqīdah der Ahl as-Sunnah wa al-Ǧamāʿah

1.1 Die sprachliche Bedeutung des Begriffes „ʿAqīdah"

Das Wort „ʿAqīdah" stammt aus dem arabischen Begriff „ʿAqd". Dies bedeutet so viel wie „zusammenknoten" und etwas „gut festbinden".

Dieser Ausdruck wird unter anderem für Bedeutungen wie „Genauigkeit", „Bestätigung", „Festigkeit", „abschließen", „festgefügt" oder „zusammenlegen" verwendet. Der Begriff wird auch für das „Festknoten" eines Seils, den „Abschluss" eines Vertrages oder einer Abmachung verwendet, wie auch für das sorgfältige „Festbinden" des Izars[1].

Man sagt im Arabischen auch: „aqada al-Ḥabl - er hat das Seil gebunden" oder „aqada al-Ahd/ al-Bai - er hat den Vertrag/ den Kauf (ab-)geschlossen".

---

[1] Arab. Izār: Ein Gewand, welches die Araber bereits in der vorislāmischen Zeit trugen, um den unteren Teil des Körpers zu bedecken. (Anm. des Übers.)

„ʿAqd“ ist das Gegenteil von „Ḥall“, was „lösen“ oder „frei“ bedeutet.[1]

1.2 Die fachspezifische Definition des Begriffes „ʿAqīdah“

Fachspezifisch wird der Begriff „ʿAqīdah“ verwendet, um eine feste Überzeugung, welche keinem Zweifel unterliegt, zum Ausdruck zu bringen.

ʿAqīdah ist das, woran ein Mensch glaubt und woran er sein Herz und Gewissen bindet, die Überzeugung, welche er sodann als Wegweiser (arab. Madhab) und Religion (arab. Din) annimmt. Wenn nun diesem verinnerlichten Īmān, dem gefestigten, von keinem Zweifel getrübten Glauben, die richtige Überzeugung zugrunde liegt, so ist auch die ʿAqīdah richtig. So wie dies bei der Ahl as-Sunnah wa al-Ǧamāʿah der Fall ist. Wenn aber die ʿAqīdah nicht richtig ist, handelt es sich um eine falsche und somit ungültige Glaubenslehre. Dies ist bei den ʿAqīdah-Lehren der irregeleiteten Sekten der Fall.[2]

---

[1] Siehe: Lisān ul-ʿArab von Ibn Manẓūr, Kapitel: „Dāl“, Abschnitt: „ʿAyn“, Bd. 3 S. 296; Qāmūs al-Muḥīṭ, Fayrus Abadi, Kapitel: „Dāl“, Abschnitt „ʿAyn“, S. 383; Muʿǧam al-Maqāyīs fi al-Luġa von Ibn Fāris, Kapitel: „ʿAyn“, S.679.

[2] Siehe: Mabāḥiṯ fī ʿAqīdat Ahl as-Sunnah wa al-Ǧamāʿah von Nāṣir al-ʿAql, S. 9-10.

1.3 Die Definition des Begriffes „Ahl[1] as-Sunnah"

Sprachlich wird unter dem Begriff „as-Sunnah“ „der Weg“ und „die Verhaltensweise“ verstanden, sei es im positiven oder negativen Sinne.[2]

Als Fachbegriff der islāmischen ʿAqīdah-Gelehrten bedeutet „as-Sunnah“: Der Weg, den der Prophet Muḥammad (ﷺ) und seine Gefährten gingen, sei es in Bezug auf das Wissen, die Glaubensüberzeugungen, Handlungen und Worte. Dies ist die Sunnah, welcher gefolgt werden muss. Ihre Anhänger werden gelobt, wohingegen ihre Gegner, die sich dessen widersetzen, getadelt werden. Wenn also gesagt wird, dass eine Person von der Ahl as-Sunnah ist, so ist damit gemeint, dass sie auf dem richtigen, geraden und lobenswerten Weg ist.

---

[1] Arab. Ahl: Bedeutung in diesem Fall „Anhänger der“ (Anm. des Übers.)

[2] Lisān ul-ʿArab, Ibn Manẓūr, Kapitel: „Nun“, Abschnitt: „Sin“, Bd. 13 S. 225.

1.4 Die Bedeutung des Begriffes „Ǧamāʿah"

Das arabische Wort „Ǧamāʿah" geht sprachlich auf die Wurzel „g-m-ʿ" zurück, womit Inhalte wie „zusammenfügen, Einigkeit und versammeln" ausgedrückt werden: „al-Ǧamʿ- das Sammeln, „al-Igmaʿ- die Übereinkunft" und „al-Igtimaʿ- die Zusammenkunft".
Das Gegenteil von „Ǧamāʿah" ist „tafarruq", was „spalten" oder „getrennt, auseinandergehen" bedeutet.

Ibn Faris[1] sagte: *„Die Buchstaben Gim, Mim und Ayn entstammen einer gemeinsamen Wurzel und weisen stets auf ein „Zusammenfügen" oder „Vereinigen" einer Sache hin.*

Man sagt: „Ǧamāʿah" - ich habe etwas zusammengesetzt."[2]

Wenn „al-Ǧamāʿah" unter den islāmischen ʿAqīdah-Gelehrten verwendet wird, so meint man damit die Vorfahren (arab. Salaf) der muslimischen Gemeinschaft, von den Gefährten des Propheten (ﷺ),

---

[1] Wissenschaftler der arab. Sprache, gest. 395 n.H. (Anm. des Übers.)
[2] Muʿǧam al-Maqāyīs fī al-Luġa von Ibn Fāris, Kapitel: „Ǧīm", Abschnitt: „Kalām al-ʿArab fī al-Muḍaʿaf wa al-Muṭābiq awaluhu ǧim", S. 224.

den Tābiʿīn [1] und ihren Nachfolgern im Guten bis zum Tage des Jüngsten Gerichts. Sie sind diejenigen, die sich über die klare Wahrheit[2] einig sind, welche auf dem Qurʼān und der Sunnah basiert.[3]

Abdullāh Ibn Masud sagte: *„Al-Ğamāʿah ist derjenige, der mit der Wahrheit übereinstimmt, auch wenn er alleine ist."*[4]

Naim Ibn Ḥammad sagte: *„Damit ist gemeint, dass du, wenn die Gemeinschaft irregeht, daran festhalten musst, was die Gemeinschaft zu tun pflegte, bevor sie irre ging. Wenn du alleine bist, dann stellst du die Gemeinschaft zu jener Zeit dar."*[5]

---

1 Arab. Tābiʿīn: Mehrzahl von Tābiʿī, jemand, der einen der Gefährten selbst gesehen hat und als Muslim gestorben ist. (Anm. des Übers.).

2 Al-Ğamāʿah wird unter anderem auch für denJenigen benutzt, welcher der Wahrheit folgt.

3 Siehe: Šarh al-ʿAqīdah aṭ-Ṭaḥāwīyyah von Ibn Abi al-ʿIzz, S. 68 und Šarh al-ʿAqīdah al-Wāsiṭīyyah von Ibn Taymīyyah, erläutert vom großen Gelehrten Muḥammad Ḫalīl Hurrās, S. 61.

4 Ibn Asakir

5 Ibn Al-Qayyim, Irāṯa Al-Lahfān 1/70 und er führt (den Ausspruch) auf Al-Baihaqī zurück. Iġāṯat ul-lahfān von al-Bayhaqī, Bd. 1 S. 70.

1.5 Die Namen der Ahl as-Sunnah wa al-Ǧamāʿah und ihre Eigenschaften

1. Ahl as-Sunnah wa al-Ǧamāʿah

Sie sind diejenigen, die sowohl äußerlich, als auch innerlich, durch Taten, Worte und Glaubensinhalte dem Weg des Propheten Muḥammad (ﷺ), der Ṣaḥābah, der Tābiʿīn und der Großgelehrten folgen. Sie alle folgten dem Propheten Muḥammad (ﷺ) nach seinem Tod. Die Ahl as-Sunnah wa al-Ǧamāʿah halten an der authentischen Sunnah Propheten Muḥammad (ﷺ) fest und bewahren ihre Authentizität. Es sind diejenigen, die zu jeder Zeit und an jedem Ort aufrichtig, ohne Gelüste und Neigungen, der Rechtleitung folgen und sich von der Bidʿah fernhalten. Allāh wird sie siegreich sein lassen und sie bis zum Tage des Gerichts unterstützen.[1]

ʿAwf bin Mālik berichtet, dass der Gesandte Allāhs (ﷺ) sagte: *„Die Juden spalteten sich in einundsiebzig Gruppen auf, siebzig davon sind in der Hölle und nur eine von ihnen ist im Paradies; die Christen spalteten sich in zweiundsiebzig Gruppen, einundsiebzig sind in der Hölle und nur eine davon ist im Paradies; und ich schwöre bei Allāh, in Dessen Händen meine Seele ist.*

[1] Mabāḥiṯ Fi ʿAqīdah Ahl As-Sunnah wa al-Ǧamāʿah von Dr. Nāṣir bin ʿAbdilkarīm al-ʿAql, S. 13-14.,

Wahrlich meine Gemeinschaft (arab. Ummah) wird sich in dreiundsiebzig Gruppen spalten, zweiundsiebzig davon sind in der Hölle und nur eine wird das Paradies betreten dürfen." Jemand fragte: „*Oh, Gesandter Allāhs, wer sind diese?*" Er erwiderte: „*Die Ǧamāʿah*"[1].

In einer anderen Überlieferung bei at-Tirmidhi wird von ʿAbdullāh bin ʿAmr berichtet: „Sie sagten: „*Und wer ist diese Gruppe, oh Gesandter Allāhs?*" Der Prophet (ﷺ) antwortete: „*Diejenigen, die dem folgen, dem ich und meine Gefährten folgen.*"[2]"

2. Die errettete Gruppe (arab. al-Firqat un-Nagiyah)

Gemeint ist damit die vor dem Höllenfeuer „errettete Gruppe", weil der Prophet Muḥammad (ﷺ) diese Gruppe ausließ, als er die 73 irregeleiteten Gruppen erwähnte. Er (ﷺ) erklärte, dass mit Ausnahme dieser Gruppe, die vor dem Feuer

---

1 Gesammelt von Ibn Māǧah mit dem gleichen Wortlaut, im Buch „al-Fitan", Kapitel „Iftirāq al-umam", Nr. 3992, und Abū Dāwūd, Buch „as-Sunnah", Kapitel „Šarh as-Sunnah", Nr. 4596, und Ibn Abī ʿĀṣim im Buch „as-Sunnah", Bd. 1 S. 32 Nr. 63. Er wurde von al-Albānī in Ṣaḥīḥ Sunan Ibn Māǧah 2/364 als authentisch eingestuft.

2 Überliefert von at-Tirmiḏī im Buch „al-Īmān", Kapitel „Iftirāq hāḏihī al-Ummah", Nr. 2641.

bewahrt ist, alle anderen in die Hölle kommen werden.“ [1]

3. Die siegreiche Gruppe (arab. at-Tifah al-Mansurah)

Mu'āwiyah berichtete, dass er den Gesandten Allāhs (ﷺ) sagen hörte: *„Eine Gruppe von meiner Gemeinschaft wird nicht aufhören, den Islām aufrecht zu erhalten und den Befehlen Allāhs zu gehorchen. Wer sie verrät oder von ihr abweicht, wird ihr nicht schaden oder sich ihr entgegenstellen können, bis der Befehl[2] Allāhs (der Jüngste Tag) ergeht und diese Gruppe noch immer siegreich erscheinen wird.“*[3] Ähnliches berichtete al-Mugirah bin Šu'bah[4].

---

[1] Siehe: Min Uṣūl Ahl as-Sunnah wa al-Ǧamā'ah, von dem großen Gelehrten Ṣāliḥ bin Fawzān al-Fawzān, S. 11.

[2] Mit Allāhs Befehl ist ein Wind mit einem angenehmen Duft (arab. Rīh) gemeint, dem Allāh befehlen wird, den Muslimen ihre Seelen zu entnehmen, worauf nur die Ungläubigen und die schlimmsten Menschen übrig bleiben werden. Dies wird auch der letzte Moment vor dem Weltuntergang sein. Siehe Fatḥ al-Bārī von Ibn Ḥağr Bd. 13. S. 77 (Anm. des Übers.)

[3] Überliefert von al-Buḫārī, Buch „al-Manāqib“, Kapitel „haddaṯanā Muḥammad ibn al-Muṯannā.“, Nr. 3641; und von Muslim mit dem gleichen Wortlaut, Buch „al-Imārah“, Kapitel: „Qawl an-nabīyy la tezālu ṭa'ifetun min ummatī ẓahirīna 'ala al-Ḥaqq la jeḍurruhum men ḫālefehum“, Nr. 1037.

[4] Überliefert von al-Buḫārī, „Buch al-Manāqib“, Kapitel „haddaṯanā Muḥammad ibn al-Muṯannā.“, Nr. 3640; und von Muslim mit dem gleichen Wortlaut, Buch „al-Imārah“, Kapitel: „Qawl an-nabīyy la tezālu ṭa'ifetun

Ṯaubān überlieferte, dass der Gesandte Allāhs (ﷺ) sagte: *„Eine Gruppe von meiner Gemeinschaft wird nicht aufhören erfolgreich zu sein, da sie der Wahrheit folgt. Wer sie verrät und sich ihr entgegenstellt, wird ihr nicht schaden können, bis Allāhs Befehl ergeht und sie wird immer noch erfolgreich sein.“*[1] Auch von Ǧābir wurde Ähnliches überliefert.[2]

4. Die am Buche Allāhs, dem Qur'ān, und der Sunnah des Propheten Muḥammad (ﷺ) beharrlich Festhaltenden

und ebenso dem Folge Leistenden, dem die vorausgeeilten Ersten von den Auswanderern (arab. Muhāǧirīn) und ihre Helfer (arab. Anṣār) folgten. Deshalb sagte auch der Prophet (ﷺ): *„...dem, dem ich und meine Gefährten folgen.“* [3] Es sind also diejenigen, die dem folgen, wie der Prophet (ﷺ) und seine Gefährten die Religion praktiziert haben.

---

min ummatī ẓahirīna ʿala al-Ḥaqq la jeḍurruhum men ḫālefehum“, Nr. 1921.

[1] Gesammelt von Muslim, Buch „al-Imārah“, Kapitel: „Qawl an-nabīyy la tezālu ṭaʾifetun min ummatī ẓahirīna ʿala al-Ḥaqq la jeḍurruhum men ḫālefehum“, Nr. 1920.

[2] Ebd. Nr. 1923.

[3] Sunan at-Tirmiḏī, Nr. 2641.

5. Die rechtschaffenen Vorbilder, die zur Wahrheit leiten und ihr folgen

Ayyūb as-Siḫtiyānī sagte: *„Wahrlich, zu der Glückseligkeit eines Jugendlichen und eines Nichtarabers gehört, dass Allāh sie bei ihrer Wissenssuche zu einem Gelehrten der Ahl as-Sunnah führt."*[1]

Al-Fuḍail bin ʿIyāḍ sagte: *„Wahrlich, Allāh hat Diener, durch die Er die Diener und Länder wieder zum Leben erweckt. Sie sind die Befolger der Sunnah. Wer mit Vernunft darauf achtete, was von den erlaubten Dingen in seinen Bauch gelangte, der gehörte zu der Gesellschaft Allāhs."*[2]

6. Die Ahl as-Sunnah (und ihre Befolger) sind die edelsten Menschen, weil sie die Erneuerungen verbieten und vor Erneuerern warnen

Einst wurde Abī Bakr bin ʿAyāš gefragt: *„Wer ist ein Sunnit (ein Anhänger der Ahl as-Sunnah)?"* Er antwortete: *„Das ist derjenige, der nicht fanatisch an den menschlichen Gelüsten festhält."*[3]

---

[1] Šarh Uṣūl I'tiqād Ahl as-Sunnah wa al-Ǧamāʿah, von al-Lālakāiʾ, 1/66
[2] Ebd. 1/72, Nr. 51 und Ḥilyat al-Awliyāʾ von Abī Nuʿaym, 8/104.
[3] Šarh Uṣūl I'tiqād Ahl as-Sunnah wa al-Ǧamāʿah, von al-Lālakāiʾ, 1/72,

Ibn Taymīyyah bestätigte, dass die Ahl as-Sunnah die Besten der Ummah sind und die Gemäßigten, die sich auf dem geraden Weg befinden: Auf dem Weg der Wahrheit und der Gemäßigkeit.[1]

7. Die Ahl as-Sunnah sind die Fremden, (arab. Ġurabā') in Zeiten, in denen die Menschen ins Verderben stürzen

Abū Hurayrah berichtet, dass der Gesandte Allāhs (ﷺ) sagte: *„Der Islām hat als etwas Fremdes begonnen und wird auch als etwas Fremdes zurückkehren, ~~so sollen die Fremden selig sein.~~"*[2]

d.h. Baum im Paradies für die Fremden

In einer anderen Überlieferung von Imām Aḥmad wird unter Berufung auf ´Abdullah Ibn Mas´ud berichtet, dass der Prophet (ﷺ) befragt wurde: *„Wer sind die Fremden?"* Der Gesandte Allāhs (ﷺ) antwortete: *„Es sind diejenigen, die sich von ihren ~~Familien~~ entfernten[3]."*[4]

Stämme

---

[1] Siehe: Fatāwa ibn Taymīyyah Bd. 3 S. 368-369.

[2] Überliefert von Muslim, Buch „al-Īmān", Kapitel „Bayān anna al-Islām bada'a ġarīban wa saya'ūdu ġarīban", Nr. 145.

[3] Arab. Nuzzā': D.h. alles Gute für die Auswanderer, die ihre Heimat für Allāh verließen. An-Nihāyah von Ibn al-Aṯīr, 5/41.

[4] Überliefert von ad-Dārimī, Buch „ar-Riqāq", Kapitel „al-Islām bada'a ġarīban", Nr. 2758; und Ibn Māǧah, Buch „al-Fitan", Kapitel „Bada'a al-Islām ġarīban", Nr. 3988; und Aḥmad in al-Musnad 1/397; und Abu Ya'lā in al-Musnad, 8/388, Nr. 4975.

In einer weiteren Überlieferung von Imām Aḥmad berichtet ʿAbdullāh bin ʿAmr bin al-ʿĀṣ, dass der Gesandte Allāhs (ﷺ) die Frage beantwortete, indem er sagte: *„Es sind rechtschaffene Menschen inmitten vieler übler Menschen, wobei diejenigen, die sich den Rechtschaffenen widersetzen, zahlreicher sind, als diejenigen, die ihnen gehorchen."* [1] In einer Überlieferung mit einer anderen Überlieferungskette heißt es: *„Diejenigen, die rechtschaffen sind, wenn die Menschen unmoralisch werden."*[2]

Daraus folgt, dass die Ahl as-Sunnah die Fremden unter den vielen Gruppen der Erneuerungen, Gelüsten und Sekten sind.

8. Die Ahl as-Sunnah sind diejenigen, die das Wissen besitzen und die Wissenschaft tragen

Die Ahl as-Sunnah sind diejenigen Gelehrten, die das Wissen besitzen und es vor den Abweichungen und Verfälschungen der Übertreibenden, sowie den fälschlichen Anmaßungen derjenigen Lügner, die unsinnige Behauptungen und Auslegungen aufstellen, schützen und die Unwissenden vor alle dem bewahren. Wenn sie versterben, trauern die Menschen über ihren Abschied.

---

[1] Al-Musnad 2/177 und 222.

[2] Musnad von Imām Aḥmad, 4/73.

Deshalb sagte auch Ibn Sīrīn: *„Es war nicht üblich, dass sie nach der Überlieferungskette (arab. Isnad) fragten, als aber die Fitnah*[1] *herrschte, sagten sie: „Benennt uns eure Leute". So wurde das Augenmerk auf die Ahl as-Sunnah gerichtet und nur ihre Überlieferungen wurden angenommen. Und wer von der Ahl al-Bidʿah war, von dem wurde die Überlieferung nicht angenommen."*[2]

Es berichtete Ayyūb as-Siḫtiyānī: *„Wahrlich, wenn ich über den Tod eines Angehörigen der Ahl as-Sunnah benachrichtigt werde, dann fühle ich mich so, als ob ich einige Teile meines Körpers verloren hätte."*[3]

Er sagte auch: *„Wahrlich, diejenigen, die sich den Untergang der Ahl as-Sunnah wünschen, möchten das Licht Allāhs mit ihren Mündern auslöschen. Aber Allāh besteht darauf, Sein Licht zu vollenden, auch wenn es den Ungläubigen zuwider ist."*[4]

---

[1] Arab. Fitnah: Versuchung. In diesem Fall ist die Zeit gemeint, als die Menschen nach den Gefährten anfingen, dem Propheten (ﷺ) erfundene Aussagen zuzuschreiben. Laut einigen Gelehrten fing dies in der Zeit von Muḫtār aṯ-Ṯaqafī an. Siehe Einleitung von Ṣaḥīḥ Muslim 1/13 und Šarh ʿilal at-Tirmiḏī von Ibn Rağab S. 88. (Anm. des Übers.)
[2] Muslim in seiner Einleitung, Kapitel „al-Isnād min ad-Dīn", 1/15.
[3] Šarh Uṣūl Iʿtiqād Ahl as-Sunnah wa al-Ğamāʿah, von al-Lālakāiʾ, 1/66, Nr. 29 und Abī Nuʿaym in Ḥilyat al-Awliyāʾ, 3/9.
[4] Šarh Uṣūl Iʿtiqād Ahl as-Sunnah wa al-Ğamāʿah, von al-Lālakāiʾ, 1/68, Nr. 35.

2. Kapitel: Die Grundlagen der Ahl as-Sunnah wa al-Ǧamāʿah

Wahrlich, die Ahl as-Sunnah bewegen sich auf festen und klaren Grundlagen, sowohl in der Glaubensüberzeugung, als auch in den Taten und ihren Verhaltensweisen. Diese Grundlagen werden aus dem Buch Allāhs, dem Qur'ān, der Sunnah des Gesandten (ﷺ) und dem, was die Salaf dieser Gemeinschaft (arab. Ummah) praktizierten, abgeleitet. Mit Salaf sind die vorausgegangenen rechtschaffenen Muslime der ersten drei besten Generationen gemeint: Die Gefährten des Propheten (ﷺ) (arab. Ṣaḥābah), die darauffolgende Generation (arab. Tābiʿīn) und die darauffolgende Generation, sowie jeder, der ihnen im Guten nachfolgt bis zum Tage des Gerichts.

2.1 Der Glaube an Allāh

Der Glaube an Allāh ist die zweifellose und feste Überzeugung, dass Allāh, der Erhabene, der Herr (arab. Rabb) und König (arab. Malik) von allem Erschaffenem ist und dass niemand es verdient hat, außer Allāh angebetet zu werden. Er ist es, der das alleinige Recht in der Anbetung besitzt und mit der vollkommenen Liebe, Demut und Unterwerfung angebetet wird. Allāh besitzt die schönsten Namen und die höchsten Eigenschaften. Er ist frei von jeglichen Fehlern und Mängeln.

Hierdurch wird klar, dass der Glaube an Allāh vier Dinge beinhaltet[1]:

1. Der Glaube an die Existenz Allāhs

welche durch die natürliche Veranlagung (arab. Fiṭrah), den Verstand, die Religion und die Wahrnehmung bewiesen wird.

1- Was die natürliche Veranlagung anbelangt, so weist sie auf die Existenz Allāhs hin und dass jeder Mensch mit dem Glauben an Allāh geboren wird, ohne dass dafür ein Erlernen oder Nachdenken notwendig wäre.

Der Beweis hierfür ist die Aussage des Propheten (ﷺ): *„Es gibt kein Neugeborenes, außer dass es mit der Fiṭrah geboren wird. Doch seine Eltern*

[1] Siehe: Šarḥ al-ʿAqīdah al-Wāṣiṭiyyah von Šayḫ al-Islām Ibn Taymīyyah, Šarḥ al-ʿAllāmah Muḥammad Bin Sāliḥ al-ʿUṯaymīn 1/55-59. Die Ansicht des edlen Gelehrten ʿAbd al-ʿAzīz bin ʿAbdilah bin Bāz ist, dass der Glaube an Allāhs Existenz unter Īmān ar-Rubūbīyyah fällt. (Anm. von Bin Bāz)

sind es, die es zu einem Juden, Christen oder Feueranbeter (arab. Mağūs) machen.“[1]

2- Auch der Verstand führt zu der Erkenntnis, dass allen Geschöpfen ein Schöpfer vorausgehen muss. Dieser Schöpfer hat sowohl die ersten, als auch die letzten Geschöpfe in ihrer einzigartigen Weise erschaffen. Allāh erwähnte diesen rationalen und eindeutigen Beweis im Qur'ān.

أَمْ خُلِقُوا۟ مِنْ غَيْرِ شَىْءٍ أَمْ هُمُ ٱلْخَٰلِقُونَ (٣٥) أَمْ خَلَقُوا۟ ٱلسَّمَٰوَٰتِ وَٱلْأَرْضَ بَل لَّا يُوقِنُونَ (٣٦) أَمْ عِندَهُمْ خَزَآئِنُ رَبِّكَ أَمْ هُمُ ٱلْمُصَيْطِرُونَ

„Oder sind sie etwa aus dem Nichts erschaffen worden, oder sind sie (gar) selbst die Schöpfer? Oder haben sie (etwa) die Himmel und die Erde erschaffen? Nein! Vielmehr sind sie nicht überzeugt. Oder besitzen sie (etwa) die Schatzkammern deines Herrn, oder sind sie es, die die Oberherrschaft ausüben?“[2]

---

[1] Überliefert in Ṣaḥīḥ al-Buḫārī, Buch „al-Ğanā'iz“, Kapitel „Iḏā aslama aṣ-Ṣabīyyu fa māte hal juṣallā ʿalayhi? Wa hal juradd ʿala aṣ-Ṣabī al-Islām?“, Nr. 1358, und von Muslim, Buch „al-Qadr“, Kapitel „Maʿnā kullu mawlūd jūlad ʿalā al-Fiṭrah wa Ḥukm Aṭfāl al-Kuffār wa Aṭfāl al-Muslimīn“, Nr. 2658.
[2] Aṭ-Ṭūr 52:35-37.

Als Ǧubaīr bin Muṭʿim den Gesandten Allāhs (ﷺ) diese Verse lesen hörte während er noch ein Götzendiener war, sagte er: *„Mein Herz schien beinahe zu fliegen und dies war der Moment, an dem der Glaube sich in meinem Herzen festsetzte."*[1]

3- Das islāmische Gesetz weist auf die Existenz Allāhs, des Erhabenen, hin, indem Allāh die Gesandten (عليهم السلام) und die Offenbarungsbücher herabgesandt hat, die darüber berichten.

4- Die Wahrnehmung weist durch zwei Arten auf die Existenz Allāhs, des Erhabenen, hin:
   a- Durch die Erhörung der Bittgebete und den Beistand, den Er den Bedrückten gewährt. Dies deutet ohne Zweifel auf die Existenz Allāhs hin. Allāh sagt:

وَنُوحًا إِذْ نَادَىٰ مِن قَبْلُ فَٱسْتَجَبْنَا لَهُۥ فَنَجَّيْنَٰهُ
وَأَهْلَهُۥ مِنَ ٱلْكَرْبِ ٱلْعَظِيمِ

---

[1] Al-Buḫārī, Buch „Tafsīr al-Qurʾān Surah aṭ-Ṭur", Kapitel „Ḥaddaṯanā ʿAbdullāh bin Yūsuf", Nr. 4854 und Muslim mit ähnlichem Wortlaut, Buch „aṣ-Ṣalāh", Kapitel „Bāb al-Qirāʾah fī aṣ-Ṣubḥ", Nr. 463.

„Und (auch) Nuh, als er zuvor rief. Da erhörten Wir ihn und erretteten darauf ihn und seine Angehörigen aus der großen Trübsal.“[1]

In Ṣaḥīḥ al-Buḫārī wird von Anas überliefert, dass während der Freitagspredigt ein Beduine die Moschee betrat, als der Prophet (ﷺ) predigte und sagte: *„Oh, Gesandter Allāhs! Das Vermögen ist dabei, zunichte zu gehen und die Familien fangen an, zu verhungern, so bitte um Allāhs Erlösung für uns, und darum, es regnen zu lassen.“* Der Gesandte Allāhs (ﷺ) hob sodann seine beiden Hände und sagte: *„Oh, Allāh beschenke uns mit Regen, oh, Allāh beschenke uns mit Regen, oh, Allāh beschenke uns mit Regen.“* Anas sagte: *„Bei Dem, in Dessen Händen meine Seele ist, der Prophet (ﷺ) hatte seine Hände noch nicht gesenkt, als bereits Wolken aufzogen, so groß wie Gebirge. Er (ﷺ) war noch nicht von seiner Kanzel (arab. Mimbar) gestiegen, als ich sah, wie der Regen von seinem Bart tropfte. Bei Allāh, es regnete und wir sahen eine Woche lang keine Sonne.“* An dem darauffolgenden Freitag kam ein Mann durch dieselbe (Moschee-) Tür, während der Gesandte

---

[1] Al-Anbiyā' 21:76.

Allāhs (ﷺ) seine Predigt hielt, und sagte zu ihm (ﷺ): *„Oh, Gesandter Allāhs! Das Vermögen ist dabei, ruiniert zu werden und wir sind von der Außenwelt abgeschnitten, so bitte Allāh, den Regen anzuhalten.“* Da hob der Gesandte Allāhs (ﷺ) seine Hände und sprach: *„Oh, Allāh, lass es um uns regnen und nicht über uns.“* Sobald er (ﷺ) mit dem Finger in Richtung der Wolken zeigte, brachen diese auf.“[1]

b- Durch die Zeichen und Wunder (arab. Muʿǧizāt) der Propheten (عليهم السلام). Sie sind unzweifelhafte Beweise für die Existenz Allāhs, weil dies Phänomene sind, die den Bereich des menschlichen Verstandes überschreiten. Allāh lässt sie aber geschehen, um dadurch Seine Gesandten (عليهم السلام) zu unterstützen und ihnen zum Sieg zu verhelfen.

2. Der Glaube an die Einzigkeit Allāhs in Seiner Herrschaft (arab. Rubūbīyyah)

und daran, dass Allāh der Herr, der Schöpfer, der Herrscher und der Leiter aller Angelegenheiten ist. Allāh sagt im Qur'ān:

---

[1] Al-Buḫārī, Buch „al-Istisqā'“, Kapitel „al-Istisqā' fi ḫutbat al-Ǧumʿah ġayr mustaqbal al-Qiblah“, Nr. 1014 und Muslim, Buch „al-Istisqā'“, Kapitel „ad-Duʿā' fī al-Istisqā'“, Nr. 897.

ذَٰلِكُمُ ٱللَّهُ رَبُّكُمۡ لَهُ ٱلۡمُلۡكُۚ وَٱلَّذِينَ
تَدۡعُونَ مِن دُونِهِۦ مَا يَمۡلِكُونَ مِن قِطۡمِيرٍ

„Dies ist doch Allāh, euer Herr; Ihm gehört die Herrschaft. Diejenigen aber, die ihr anstatt Seiner anruft, verfügen nicht einmal über das Häutchen eines Dattelkerns.“[1]

Es ist nicht bekannt, dass jemand aus der Schöpfung die Einheit Allāhs in Seinen Taten und Seiner Herrschaft ablehnt, außer ein Hochmütiger.

وَجَحَدُواْ بِهَا وَٱسۡتَيۡقَنَتۡهَآ أَنفُسُهُمۡ ظُلۡمٗا وَعُلُوّٗاۚ

„Und sie verleugneten sie, obwohl sie selbst davon überzeugt waren, aus Ungerechtigkeit und Überheblichkeit. So schau, wie das Ende der Unheilstifter war.“[2]

Die Aufrechterhaltung der Einheit in der Herrschaft und den Taten Allāhs nennt man Tauḥīd ar-Rubūbīyyah.

---

[1] Fāṭir 35:13
[2] An-Naml 27:14

3. Der Glaube an die Einheit Allāhs in der Anbetung (arab. Ulūhīyyah)

und, dass nur Er das Recht hat, angebetet zu werden, ohne dass Ihm irgendjemand zur Seite gestellt wird. Dies aufgrund der Tatsache, dass Allāh der Schöpfer Seiner Diener ist. Er ist ihnen gegenüber wohltätig und versorgt sie mit ihrem Lebensunterhalt. Er kennt ihre geheimen und ihre offenen Angelegenheiten. Allāh ist fähig, diejenigen, die Ihm gehorchen zu belohnen und diejenigen, die sich Ihm widersetzten zu bestrafen. Allāh erschuf die Geisterwesen (arab. Ğinn) und die Menschen nur, damit sie Ihm dienen.

وَمَا خَلَقْتُ ٱلْجِنَّ وَٱلْإِنسَ إِلَّا لِيَعْبُدُونِ (٥٦) مَآ أُرِيدُ مِنْهُم مِّن رِّزْقٍ وَمَآ أُرِيدُ أَن يُطْعِمُونِ (٥٧) إِنَّ ٱللَّهَ هُوَ ٱلرَّزَّاقُ ذُو ٱلْقُوَّةِ ٱلْمَتِينُ (٥٨)

„Und Ich habe die Ğinn und die Menschen nur (dazu) erschaffen, damit sie Mir dienen. Ich will weder von ihnen irgendeine Versorgung, noch will Ich, dass sie Mir Speise geben. Gewiss, Allāh ist der Versorger, der Besitzer von Kraft und der Feste.“[1]

[1] Aḏ-Ḏārīyāt 51:56-58

يَٰٓأَيُّهَا ٱلنَّاسُ ٱعۡبُدُواْ رَبَّكُمُ ٱلَّذِى خَلَقَكُمۡ وَٱلَّذِينَ مِن
قَبۡلِكُمۡ لَعَلَّكُمۡ تَتَّقُونَ (٢١) ٱلَّذِى جَعَلَ لَكُمُ ٱلۡأَرۡضَ
فِرَٰشٗا وَٱلسَّمَآءَ بِنَآءٗ وَأَنزَلَ مِنَ ٱلسَّمَآءِ مَآءٗ فَأَخۡرَجَ بِهِۦ مِنَ
ٱلثَّمَرَٰتِ رِزۡقٗا لَّكُمۡۖ فَلَا تَجۡعَلُواْ لِلَّهِ أَندَادٗا وَأَنتُمۡ تَعۡلَمُونَ

„Oh ihr Menschen! Dient eurem Herrn, der euch, und diejenigen vor euch erschaffen hat, auf dass ihr gottesfürchtig werden möget! Der euch die Erde zu einem Ruhebett und den Himmel zu einem Gebäude gemacht hat und vom Himmel Wasser herabkommen lässt, durch das Er dann für euch Früchte als Versorgung hervorbringt. Deshalb macht niemanden Allah gleich! Wo ihr (es) doch (besser) wisst.“[1]

وَلَقَدۡ بَعَثۡنَا فِى كُلِّ أُمَّةٖ رَّسُولًا أَنِ ٱعۡبُدُواْ ٱللَّهَ وَٱجۡتَنِبُواْ
ٱلطَّٰغُوتَ

„Und Wir haben ja bereits in jeder Gemeinschaft einen Gesandten erweckt: „Dient Allāh und meidet die falschen Götter...“[2]*“*

---

[1] Al-Baqarah 2:21-22
[2] An-Naḥl 16:36

Allāh, der Erhabene, entsandte Seine Gesandten (عليهم السلام) und offenbarte die Bücher, um die Pflicht des Glaubens an die Einzigkeit Allāhs in der Anbetung (arab. Tauḥīd al-Ulūhiyyah) zu verdeutlichen.

وَمَآ أَرْسَلْنَا مِن قَبْلِكَ مِن رَّسُولٍ إِلَّا نُوحِىٓ إِلَيْهِ أَنَّهُۥ لَآ إِلَٰهَ إِلَّآ أَنَا۠ فَٱعْبُدُونِ

„Und Wir haben vor dir keinen Gesandten gesandt, dem Wir nicht (die Weisung) eingegeben hätten: "Es gibt keinen (anbetungswürdigen) Gott außer Mir, so dient Mir!"“[1]

شَهِدَ ٱللَّهُ أَنَّهُۥ لَآ إِلَٰهَ إِلَّا هُوَ وَٱلْمَلَٰٓئِكَةُ وَأُو۟لُوا۟ ٱلْعِلْمِ قَآئِمًۢا بِٱلْقِسْطِ لَآ إِلَٰهَ إِلَّا هُوَ ٱلْعَزِيزُ ٱلْحَكِيمُ

„Allāh bezeugt, dass es keinen Gott gibt außer Ihm; und (ebenso bezeugen es) die Engel und diejenigen, die Wissen besitzen; der Wahrer der Gerechtigkeit. Es gibt keinen Gott außer Ihm, dem Allmächtigen und Allweisen.“[2]

---

[1] Al-Anbiyā' 21:25

[2] Āl-'Imrān 3:18

Und jede Gottheit, die an Stelle von Allāh angebetet wird, ist nichtig.
Allāh sagt:

ذَٰلِكَ بِأَنَّ ٱللَّهَ هُوَ ٱلْحَقُّ وَأَنَّ مَا يَدْعُونَ مِن دُونِهِۦ هُوَ ٱلْبَـٰطِلُ وَأَنَّ ٱللَّهَ هُوَ ٱلْعَلِىُّ ٱلْكَبِيرُ

„Dies, weil Allāh die Wahrheit ist und weil das, was sie anstatt Seiner anrufen, das Falsche ist, und weil Allāh, der Erhabene, der Große ist.“[1]

وَإِلَـٰهُكُمْ إِلَـٰهٌ وَٰحِدٌ لَّآ إِلَـٰهَ إِلَّا هُوَ ٱلرَّحْمَـٰنُ ٱلرَّحِيمُ

„Euer Gott ist ein einziger Gott. Es gibt keinen (anbetungswürdigen) Gott außer Ihm, dem Allerbarmer, dem Barmherzigen.“[2]

Allāh, der Erhabene, erklärte in jeder Hinsicht, dass es falsch ist, wenn die Polytheisten Götter neben Ihm anbeten und Er zeigte ihre Schwäche umfassend auf, indem Er sagt:

---

[1] Al-Ḥağğ 22:62
[2] Al-Baqarah 2:163

قُلِ ٱدْعُوا۟ ٱلَّذِينَ زَعَمْتُم مِّن دُونِ ٱللَّهِ ۖ لَا يَمْلِكُونَ مِثْقَالَ ذَرَّةٍ

فِى ٱلسَّمَـٰوَٰتِ وَلَا فِى ٱلْأَرْضِ وَمَا لَهُمْ فِيهِمَا مِن شِرْكٍ وَمَا

لَهُۥ مِنْهُم مِّن ظَهِيرٍ

„Sag: Ruft diejenigen an, die ihr anstatt Allāhs angebt. Sie verfügen nicht (einmal) über das Gewicht eines Stäubchens weder in den Himmeln, noch auf der Erde. Und sie haben an ihnen beiden keinen Anteil, noch nahm Er sich unter ihnen jemanden, der Ihm Beistand leisten sollte. Auch nützt bei Ihm die Fürsprache nichts - außer, wem Er es erlaubt...“[1]

Daraus folgt, dass es nur Allāhs Recht ist, angebetet zu werden. Deshalb sagte der Prophet (ﷺ) zu Muʿāḏ: *„Das Recht Allāhs gegenüber den Menschen ist es, dass sie Ihn allein anbeten ohne Ihm dabei einen Partner zuzuschreiben.“*[2]

Und dies alles stellt die Bewahrung der Einheit Allāhs in der Anbetung dar und wird Tauḥīd al-Ulūhīyyah genannt.

---

[1] Sabaʾ 34:22-23

[2] Gesammelt von al-Buḫārī, Buch „ar-Riqāq“, Kapitel „Man ğāhada nafsahu fī ṭāʿat illāh“, Nr. 6500 und Muslim, Buch „al-Īmān“, Kapitel „ad-dalīl ʿala anna man māte ʿala at-Tawḥīd daḫala al-Ğannah qaṭʿan“, Nr. 30.

4. Der Glaube an die Einheit Allāhs in Seinen schönsten Namen und erhabensten Eigenschaften (arab. ʾAsmāʾullāhi al-Husnā wa Sifātīhī al-ʿUlā)

Die sunnitische Glaubensgemeinschaft bestätigt bezüglich der Namen Allāhs und Seiner höchsten Eigenschaften das, was Allāh, der Erhabene, sich selbst zugeschrieben hat, sowie das, was Sein Gesandter (ﷺ) Ihm zugeschrieben hat

- ohne Entstellung des Sinnes und ohne ihre offensichtliche Bedeutung zu verdrehen (arab. Taḥrīf),
- die Wirkung oder Aussage aufzuheben (arab. Taʿṭīl),
- die Art und Weise zu hinterfragen und zu erklären (arab. Takyīf),
- oder sie gar mit der Schöpfung gleichzusetzen (arab. Tamṯīl).

Vielmehr nehmen sie alle diese so hin, wie sie geschrieben stehen und glauben an ihre großartige Bedeutung, die sie beinhalten. Daher bestätigten sie im Einzelnen alles, was Allāh, der Erhabene, sich selbst an Namen und Eigenschaften zugeschrieben hat, sowie das, was Sein Gesandter (ﷺ) Ihm zugeschrieben hat, auf die Art und Weise, die Ihm, dem Erhabenen, gebührt.

Die Bestätigung dieser Namen und Eigenschaften erfolgt im Rahmen Seiner Aussage im Qur'ān:

لَيْسَ كَمِثْلِهِۦ شَىْءٌ وَهُوَ ٱلسَّمِيعُ ٱلْبَصِيرُ

„Nichts ist Ihm gleich; und Er ist der Allhörende und Allsehende.[1]“

Gleichzeitig verneinen sie alles, was Allāh, der Erhabene, oder Sein Gesandter (ﷺ) diesbezüglich verneint haben. Diese Verneinung erfolgt meistens allgemein (d.h. nicht detailliert) gemäß den Worten des Erhabenen *„Nichts ist ihm gleich“*.

Die Verneinung (einer Eigenschaft) erfordert gleichzeitig die Bestätigung einer vollkommenen Eigenschaft, die dieser widerspricht. Das heißt, dass in der Verneinung einer Eigenschaft, die Mängel aufweist, eine Bestätigung ihres Gegenteils in Form von Vollkommenheit zu verstehen ist.

Allāh, der Erhabene, führt im oben genannten Vers des Qur'ān die Verneinung und die Bestätigung gemeinsam auf: *„Nichts ist Ihm gleich; und Er ist der Allhörende und Allsehende.“*

---

[1] Asch-Schura 42:11

Dieser Vers bekräftigt, dass Allāh niemals mit den Eigenschaften Seiner Schöpfung verglichen werden darf, sei es in Seinem Wesen, Seinen Attributen oder in Seinen Taten.

Der erste Teil *„Nichts ist Ihm gleich“* enthält eine Widerlegung derjenigen, die Allāh mit seinen Geschöpfen vergleichen (arab. Mušabbihah), und der zweite Teil *„und Er ist der Allhörende und Allsehende“* enthält eine Widerlegung derjenigen, die Allāhs Eigenschaften gänzlich abschreiben (arab. Muʿaṭṭilah).

Im ersten Teil des Verses ist somit eine allgemeine Verneinung (des Vergleichs) und im letzten Teil eine detaillierte Bestätigung (der Eigenschaften) zu finden. Und Allāh sagt:

فَلَا تَضْرِبُوا۟ لِلَّهِ ٱلْأَمْثَالَ إِنَّ ٱللَّهَ يَعْلَمُ وَأَنتُمْ لَا تَعْلَمُونَ

„So prägt Allāh keine Gleichnisse! Allāh weiß, ihr aber wisst nicht.“[1]

Dies ist die Glaubenslehre der Ahl as-Sunnah wa al-Ǧamāʿah, von den Gefährten des Gesandten Allāhs (ﷺ) und ihren rechtschaffenen Nachfolgern, die ihnen im Guten folgen. Sie wurde von den großen

[1] An-Naḥl 16:74

vorbildhaften Gelehrten der Ahl as-Sunnah überliefert. [1]

Al-Walīd bin Muslim sagte: *„Ich befragte al-Awzāʿī, Sufyān aṯ-Ṯauri, Mālik bin Anas und al-Layṯ bin Saʿd über die Überlieferungen bezüglich dessen, dass die Menschen Allāh im Paradies sehen werden, und sie sagten, ich solle diese so weitergeben, wie ich sie erhalten habe, ohne die Art und Weise durch das „Wie" zu hinterfragen."*[2]

Weiterhin nannten die Ahl as-Sunnah die Aussagen der großen Gelehrten über die Worte Allāhs:

اَلرَّحْمٰنُ عَلَى الْعَرْشِ اسْتَوٰى

„Der Allerbarmer hat Sich über den Thron erhoben." [3]

Sie sagten, dies deutet auf das Sich Erheben Allāhs über Seine Schöpfung hin, wie auch Allāh sagte:

---

1 Siehe: Šarh Uṣūl Iʿtiqād Ahl as-Sunnah wa al-Ğamāʿah, von al-Lālakāiʾ, 3/582, Nr. 875 und 930.
2 Gesammelt von al-Lālakāiʾ, Šarh Uṣūl Iʿtiqād Ahl as-Sunnah wa al-Ğamāʿah 3/582.
3 Ta-ha 20:5

إِلَيۡهِ يَصۡعَدُ ٱلۡكَلِمُ ٱلطَّيِّبُ وَٱلۡعَمَلُ ٱلصَّٰلِحُ يَرۡفَعُهُۥۚ

„Zu Ihm steigt das gute Wort hinauf, und die rechtschaffene Tat hebt Er (zu sich) empor.“[1]

وَهُوَ ٱلۡقَاهِرُ فَوۡقَ عِبَادِهِۦۖ وَيُرۡسِلُ عَلَيۡكُمۡ حَفَظَةً

„Er ist der Bezwinger über Seinen Dienern. Und Er sendet Hüter über euch...“[2]

Abu al-Qāsim al-Lālakāi' sagte: *„Dieser Vers deutet darauf hin, dass Allāh im Himmel ist und dass Sein Wissen alle Orte der Erde und Himmel umfasst.“*

Er sagte, dass dies von den Ṣaḥābah ʿUmar, Ibn Masʿūd, Ibn ʿAbbās und Umm Salamah sowie von den Tābiʿīn Rabi-iʿa Ibn Abū ʿAbdurraḥmān, Sulaimān At-Taimī und Muqātil Ibn Ḥayyān überliefert wurde. Diese Meinung wurde auch von den Fiqh-Gelehrten Malik bin Anas, Sufyān aṯ-Ṯaurī und Aḥmad bin Ḥanbal vertreten.[3]

Rabi-iʿa Ibn Abū ʿAbdurraḥmān wurde nach den Worten des Erhabenen *„Der Allerbarmer hat sich über den Thron erhoben“* gefragt und nach der Art und

---

[1] Fāṭir 35:10
[2] Al-Anʿām 6:61
[3] Šarh Uṣūl Iʿtiqād Ahl as-Sunnah wa al-Ǧamāʿah, von al-Lālakāi', 3/430.

Weise wie Er „istawā" (sich erhob). Er antwortete daraufhin: *„Das Sich Erheben Allāhs ist nicht unbekannt, und die Art und Weise unvorstellbar, die Botschaft darüber stammt von Allāh, Seinem Gesandten obliegt die Überbringung und wir müssen sie als wahr bestätigen."*[1]

Einmal kam ein Mann zu Mālik bin Anas und sagte zu ihm: *„Oh, Vater von ʿAbdillāh, der Allerbarmer ist über dem Thron erhoben. Wie erhob Er sich?"* Daraufhin antwortete Mālik: *„Wie dies geschah ist unverständlich, und Sein Erheben ist nicht unbekannt, daran zu glauben ist eine Pflicht, danach zu fragen eine Erneuerung und ich befürchte, dass du ein Irregehender bist."* So befahl er ihn (aus der Sitzung) auszuschließen.[2]

Jemand sagte zu Abī ʿAbdillāh Aḥmad bin Ḥanbal: *„Allāh ist über dem siebten Himmel auf Seinem Thron; ist aber kein Teil Seiner Schöpfung, wobei Seine Macht und Sein Wissen überall sind!?"* Er sagte: *„Ja, Er ist auf dem Thron und Sein Wissen ist an jedem Ort."*[3] Und in einer anderen Überlieferung wurde er nach dem

---

1 aaO 3/442, Nr.665.

2 Šarh Uṣūl Iʿtiqād Ahl as-Sunnah wa al-Ğamāʿah, von al-Lālakāiʾ, 3/441, Nr. 664, Ibn Ḥağr erklärte seine Überlieferungskette für „gut", Fatḥ al-Bārī Bd. 13 S. 406.

3 Šarh Uṣūl Iʿtiqād Ahl as-Sunnah wa al-Ğamāʿah, von al-Lālakāiʾ, 3/446, Nr. 674

folgenden Vers gefragt: *„Und Er ist mit euch, wo immer ihr auch seid.“*[1] Darauf antwortete er mit der gleichen Antwort wie zuvor.

Abū ʿAbdullāh Aḥmad Ibn Ḥanbal wurde gefragt: *„Stimmt es, dass Allāh über dem siebtem Himmel und über Seinem Thron, aber kein Teil von Seiner Schöpfung ist und dass er mit Seiner Allmacht und Seinem Wissen überall ist?“* Er sagte: *„Ja, Er ist über dem Thron und kein Ort entgeht Seinem Wissen.“* In einer anderen Überlieferung wurde er nach den Worten des Erhabenen:

وَهُوَ مَعَكُمْ أَيْنَ مَا كُنتُمْ

„Und Er ist mit euch, wo immer ihr auch seid.“[2]

gefragt. Daraufhin antwortete er mit den oben zitierten Worten.

Diese Überlieferungen deuten alle darauf hin, dass die Ahl as-Sunnah die Namen und Eigenschaften Allāhs samt ihren gewaltigen Bedeutungen bestätigen, sie so hinnehmen und weitergeben, wie sie diese erhalten haben ohne durch irgendeine Art und Weise nach dem „Wie“ zu fragen.

---

[1] Al-Ḥadīd 57:4
[2] Al-Ḥadīd 57:4

Was die Aussage *„Er ist mit euch, wo immer ihr auch seid"* betrifft, so sind damit zwei verschiedene Arten der Anwesenheit (arab. Maʿiyyah), der Anwesenheit Allāhs Wissens mit einem Menschen gemeint: Einmal die allgemeine Maʿiyyah für alle Menschen und dann die spezielle Maʿiyyah für die Muslime, diejenige für den Erfolg[1].

Der Glaube an Allāh beinhaltet auch Folgendes:

1. Der aufrichtige Glaube an alles, was Allāh Seinen Dienern an Pflichten auferlegt hat, wie z.B. die fünf Säulen des Islām.
2. Die feste Überzeugung, dass der Īmān aus Taten und Worten besteht. Er nimmt durch gehorsame Handlungen zu und vermindert sich durch Sünden.
3. Liebe und Abneigung um Allāhs Willen.[2]

---

[1] Bin Bāz fügte hinzu: Inspiration und Triumph.

[2] Siehe ʿAbdulʿazīz Ibn ʿAbdullāh Ibn Bāz, Al-ʿAqīda Aṣ-Ṣaḥīḥah wa ma yuḍādduhā, S.20.

2.2 Der Glaube an die Engel

Der Glaube an die Engel beinhaltet vier Aspekte[1]

1. Der Glaube an ihre Existenz.
2. Der Glaube an diejenigen von ihnen, die wir namentlich kennen und der allgemeine Glaube an diejenigen Engel, deren Namen wir nicht kennen.
3. Der Glaube an diejenigen ihrer Beschreibungen und Eigenschaften, die uns bekannt sind, wie zum Beispiel die Eigenschaften von Ğibrīl (عليه السلام). Der Prophet (ﷺ) hat uns mitgeteilt, dass er (ﷺ) ihn (عليه السلام) in der Form gesehen hat, in der er (عليه السلام) erschaffen wurde: Mit sechshundert Flügeln, und jeder davon bedeckt den Horizont.
4. Der Glaube an die uns bekannten Pflichten und Tätigkeiten, die sie auf den Befehl Allāhs, des Erhabenen, hin ausführen. Diese sind unter anderem das Lobpreisen ihres Herrn Allāhs, des Erhabenen.

---

[1] Siehe: Šarh Uṣūl al-Īmān, von dem großen Gelehrten Moḥammad bin Sāliḥ al-ʿUṯaymīn, S. 27.

وَلَهُ مَنْ فِي السَّمٰوَاتِ وَالْأَرْضِ وَمَنْ عِنْدَهُ لَا يَسْتَكْبِرُونَ
عَنْ عِبَادَتِهِ وَلَا يَسْتَحْسِرُونَ (١٩) يُسَبِّحُونَ اللَّيْلَ وَالنَّهَارَ
لَا يَفْتُرُونَ

„Und diejenigen, die bei Ihm sind, sind weder zu hochmütig, Ihm zu dienen, noch werden sie (dessen) müde. Sie preisen (Ihn) Nacht und Tag und lassen (darin) nicht nach."[1]

Von Abī Ḏarr wird folgende Aussage des Propheten (ﷺ) überliefert: *„Ich sehe was ihr nicht seht und höre, was ihr nicht hört, der Himmel bebte und das zu Recht: Es gibt keinen Ort, mit der Breite von vier Fingern, wo sich nicht ein Engel mit seiner Stirn in der Niederwerfung vor Allāh unterwirft..."* [2]

Diese Überlieferung deutet auf die enorme Anzahl der Engel hin. Des Weiteren gibt es authentische Quellen, die berichten, dass der Prophet (ﷺ) zum Bayt al-Maʿmūr[3] empor gehoben wurde und er (ﷺ) sah, wie

---

1 Al-Anbiya' 21:19-20

2 Gesammelt von at-Tirmiḏī im Buch „az-Zuhd", Kapitel „Qawl an-nabī law taʿlamuna ma aʿlamu leḍaḥiktum qalīlan", Nr. 2312. Er stufte sie als ḥasan (gut) ein. Und Ibn Māǧah in Buch „az-Zuhd", Kapitel „al-Ḥuzn wa al-bukā'", Nr. 4190. Er wurde von al-Albānī als ḥasan eingestuft in Ṣaḥīḥ Sunan at-Tirmiḏī 2/268, und Ṣaḥīḥ Sunan Ibn Māǧah 2/407.

3 Ein vielbesuchtes Gotteshaus im siebten Himmel, das über der Kaaba ist. (Anm. des Übers.)

es jeden Tag siebzigtausend Engel umkreisen (arab. Ṭawāf), wobei es nie die gleichen Engel sind.[1]

Zu ihren Tätigkeiten gehören unter anderem, dass Ǧibrīl (عليه السلام) die Offenbarung anvertraut wurde, Isrāfīl (عليه السلام) mit dem Blasen ins Horn (arab. Sur) und der Todesengel mit dem Ergreifen der Seelen beauftragt wurde.

---

[1] Al-Buḫārī im Buch „Bad' al-ḫalq", Kapitel: „Ḏikr al-malā'ikah", Nr. 3207, mit dem Wortlaut: „Und ich fragte Ǧibrīl (عليه السلام) und er sagte: „Das ist al-Bayt al-Maʿmūr, wo jeden Tag siebzigtausend Engel beten. Wenn sie von dort hinausgehen, kehren sie nicht zurück. Dies ist ihre letzte Pflicht."" Und Muslim im Buch „al-Īman", Kapitel „al-Isrā' bi rasūlillāhi (ﷺ) ilā as-samāwāti wa farḍ as-ṣalawāt", Nr. 164. Und sein Wortlaut ist: „Und ich sagte zu Ǧibrīl (عليه السلام): „Was ist das?" Er sagte: „Al-Bayt al-Maʿmūr. Jeden Tag gehen siebzigtausend Engel hinein, und wenn sie es verlassen, kehren sie nicht dahin zurück, dies ist das Letzte, was sie machen müssen."

2.3 Der Glaube an die Offenbarungsbücher

Es ist Pflicht, allgemein an die Existenz der Offenbarungen zu glauben und dass Allāh sie Seinen Propheten und Gesandten (عليهم السلام) offenbart hat, um den wahren Monotheismus zu verdeutlichen und dazu aufzurufen. Allāh, der Erhabene, sagt:

لَقَدۡ أَرۡسَلۡنَا رُسُلَنَا بِٱلۡبَيِّنَٰتِ وَأَنزَلۡنَا مَعَهُمُ ٱلۡكِتَٰبَ وَٱلۡمِيزَانَ
لِيَقُومَ ٱلنَّاسُ بِٱلۡقِسۡطِ

„Wir haben ja Unsere Gesandten mit den klaren Beweisen gesandt und mit ihnen die Schrift und die Waage herabkommen lassen, damit die Menschen für die Gerechtigkeit eintreten.“ [1]

Und wir glauben speziell an diejenigen Offenbarungsbücher, die Allāh namentlich bezeichnet hat wie die Thora (arab. Taurah), das Injil, die Psalmen (arab. Zabur) und den heiligen Qur´ān, wobei der Qur´ān der Beste, das Siegel und der Hüter ist, der die (vorherigen) Offenbarungen bestätigt. Dem Qur´ān müssen daher alle Diener Allāhs folgen und sich nach ihm richten, sowie nach der authentischen Sunnah.

---

[1] Al-Hadid 57:25

Der Glaube an die Offenbarungsbücher beinhaltet vier Aspekte[1]:

1. Der Glaube an die Tatsache, dass sie von Allāh offenbart wurden.
2. Der konkrete Glaube an diejenigen Bücher, die namentlich benannt sind.
3. Der Glaube an alles, was darin und darüber authentisch überliefert wurde.
4. Das Handeln nach den in ihnen enthaltenen Bestimmungen, soweit sie nicht aufgehoben wurden. Die Unterwerfung unter diese Vorschriften und die Zufriedenheit damit. Der edle Qur'ān hat die Bestimmungen in sämtlichen Offenbarungsbüchern, die vor ihm offenbart wurden, aufgehoben, so dass nur noch die Bestimmungen des Qur'ān anzuwenden sind.

[1] Siehe Šarh Usūl Al-Īmān, S.32.

2.4 Der Glaube an die Gesandten (عليه السلام)

Der Glaube an die Gesandten bedeutet, dass man als Muslim fest daran glaubt, dass Allāh, der Erhabene, Gesandte (عليه السلام) schickte, um die Menschen aus den Finsternissen an das Licht zu führen. Es ist unabdingbar, an die Gesandten (عليه السلام) zu glauben, sowohl in ihrer Gesamtheit, als auch im Einzelnen. Ein Muslim muss allgemein daran glauben, dass Allāh Gesandte (عليه السلام) entsandte und an die von Allāh namentlich genannten Propheten (عليه السلام) im Einzelnen glauben.

Allāh sagt im Qur'ān:

رُسُلًا مُّبَشِّرِينَ وَمُنذِرِينَ لِئَلَّا يَكُونَ لِلنَّاسِ عَلَى ٱللَّهِ حُجَّةُۢ
بَعْدَ ٱلرُّسُلِ وَكَانَ ٱللَّهُ عَزِيزًا حَكِيمًا

„Gesandte als Verkünder froher Botschaft und als Überbringer von Warnungen, damit die Menschen nach den Gesandten kein Beweismittel gegen Allāh haben. Und Allāh ist Allmächtig und Allweise." [1]

Folglich glaubt der Diener Allahs, dass derjenige, der den Gesandten (عليه السلام) folgt, den Erfolg und die

---

[1] An-Nisā' 4:165

Glückseligkeit gewinnt, und dass wer sich ihnen widersetzt nur Misserfolge und Fehlschläge erleiden wird und (im Jenseits) bitter bereuen wird.
Unser Prophet Muḥammad (ﷺ) ist der edelste aller Gesandten und ihr Siegel.

Der Glaube an die Gesandten (عليهم السلام) beinhaltet vier Aspekte:

1. Der Glaube daran, dass ihre Botschaften wahr sind und von Allāh, dem Erhabenen, stammen.
2. Der Glaube an alle namentlich erwähnten Gesandten.
3. Die Anerkennung und Bestätigung dessen, was von ihnen und über sie authentisch überliefert wurde.
4. Das Handeln nach dem Gesetz (arab. Šariah) des Gesandten (ﷺ), der zu uns gesandt wurde, nämlich das Siegel der Propheten, Muḥammad (ﷺ). Seine Šariʿah hat alle vorherigen Gesetzesordnungen aufgehoben.[1]

[1] Siehe Šarh Usūl Al-Īmān, S.36.

2.5 Der Glaube an den Jüngsten Tag

Der Glaube an den Jüngsten Tag beinhaltet den Glauben an alles, was uns Allāh, der Erhabene, und Sein Gesandter Muḥammad (ﷺ) über das Leben nach dem Tod berichteten.

Darunter fallen folgende Aspekte:

1. Abū Saʿīd al-Ḫudrī berichtete, dass der Prophet (ﷺ) sagte: *„Wenn die Leiche von den Männern auf ihren Schultern getragen wird, dann sagt der Verstorbene, falls er rechtschaffen war: „Bringt mich schnell hin (zum Grab)!" Wenn er jedoch nicht rechtschaffen war, so sagt er: „Oh, wehe mir! Wo bringt ihr mich nur hin?!" Jeder hört die Stimme außer die Menschen, und wenn sie sie hören würden, würden sie dadurch in tiefe Ohnmacht fallen."*[1]
   Deshalb sagte der Prophet (ﷺ): *„Beeilt euch mit dem Begraben der Verstorbenen, denn wenn es sich um die Leiche eines Rechtschaffenen handelt, so bringt ihr sie zu etwas Gutem hin und wenn nicht, so legt ihr ein Übel von euren Schultern ab."*[2]

---

[1] Überliefert von al-Buḫārī, Buch „al-Ǧanāʾiz", Kapitel „Ḥaml ar-riǧāl al-Ǧanāza duna nisa", Nr. 1314, und Kapitel „Qawl al mayyit ʿala al-ǧanāzah qaddimūnī", Nr. 1316.

[2] Überliefert von al-Buḫārī, Buch „al-Ǧanāʾiz", Kapitel „as-Surʿah bi al-Ǧanāza", Nr. 1315 und von Muslim, Buch „al-Ǧanāʾiz", Kapitel „al-Isrāʿ bi al-Ǧanāza", Nr. 944.

2. Der Glaube, dass die Menschen, nachdem sie gestorben sind, im Grab geprüft werden. So wird der Tote befragt werden: *„Wer ist dein Herr, was ist deine Religion und wer ist dein Prophet?“* Der Gläubige wird antworten: *„Mein Herr ist Allāh, meine Religion ist der Islām und mein Prophet* ist *Muḥammad* (ﷺ).“ Der Ungläubige wird sagen: *„Hä? Hä? Ich weiß es nicht, ich habe die Menschen gehört, dass sie etwas sagten und ich wiederholte es einfach.“* Zu ihm wird gesagt: *„Du hast es nicht gewusst und hast auch nichts darüber gelesen oder gelernt*[1]*.“* Dann wird er mit einem Eisenhammer geschlagen, der ihn dermaßen schreien lässt, sodass seine Schreie jedes Geschöpft hört, außer den Menschen.“

Und in einer anderen Überlieferung heißt es: *„...alle in seiner näheren Umgebung werden ihn hören, mit Ausnahme der beiden Erdbewohner (die Menschen und die Ğinn).“*

---

[1] Siehe: Lisān al-ʿArab von Ibn Manẓūr, 14/104. Andere Gelehrte sagen: „Du hast es nicht gewusst, noch konntest du es nicht.“ Die Bedeutung, wie sie im Text festgehalten wird, wird von Ibn Athīr und Ibn Maẓūr bevorzugt. Dazu gehören diejenigen, die eigentlich wussten oder hätten wissen können, das Wissen aber nicht annahmen. (Anm. des Übers.)

يُثَبِّتُ ٱللَّهُ ٱلَّذِينَ ءَامَنُوا۟ بِٱلْقَوْلِ ٱلثَّابِتِ فِى ٱلْحَيَوٰةِ
ٱلدُّنْيَا وَفِى ٱلْـَٔاخِرَةِ وَيُضِلُّ ٱللَّهُ ٱلظَّـٰلِمِينَ وَيَفْعَلُ ٱللَّهُ مَا
يَشَآءُ

„Allāh festigt diejenigen, die glauben, durch das beständige Wort im diesseitigen Leben und im Jenseits. Doch Allāh lässt die Ungerechten in die Irre gehen. Allāh tut, was Er will.“[1]

3. Der Glaube an die Segnungen und an die Folter im Grab, welche durch den Qur'ān und die Sunnah bewiesen sind und an die ein Diener Allahs glauben muss. Die Folter oder Belohnung beginnt mit der Seele, wobei auch der Körper der Strafe oder Belohnung folgt. Am Tage der Auferstehung werden dann sowohl die Seele, als auch der Körper bestraft oder belohnt. Folglich ist die Strafe im Grab und die Belohnung darin eine Wahrheit, welche im Qur'ān und in der Sunnah des Gesandten (ﷺ) belegt ist.[2]

---

[1] Ibrāhīm 14:27, siehe: Ṣaḥīḥ al-Buḫārī Buch „al-Ǧanā'iz“, Kapitel „Ma ǧā'a fī 'aḏābi al-qabr“, Nr. 1369, 1674 und Musnad al-Īmām Aḥmad, 4/287, 288, 295, 296, und Mustadrak al-Ḥākim 1/37-40.

[2] Siehe: Ar-Rūḥ von Ibn al-Qayyim 1/263, 311.

4. Die große Auferstehung (arab. al-Qiyāmah al-Kubrā): Der Engel Isrāfīl wird an jenem Tag das erste Mal ins Horn blasen. Er bläst zunächst einmal und dann ein zweites Mal hinein, um die Auferstehung einzuleiten. Jede Seele wird folglich in ihren eigenen Körper zurückkehren und die Menschen werden anschließend von ihren Gräbern auferstehen, um nackig, barfüßig und unbeschnitten vor dem Herrn der Welten zu stehen.
Allah sagt im Qur'ān:

يَوۡمَ يَفِرُّ ٱلۡمَرۡءُ مِنۡ أَخِيهِ (٣٤) وَأُمِّهِۦ وَأَبِيهِ
(٣٥) وَصَٰحِبَتِهِۦ وَبَنِيهِ (٣٦) لِكُلِّ ٱمۡرِيٕٖ مِّنۡهُمۡ يَوۡمَئِذٖ شَأۡنٞ
يُغۡنِيهِ (٣٧)

„Am Tag, da der Mensch flieht vor seinem Bruder und seiner Mutter und seinem Vater und seiner Gefährtin und seinen Söhnen – jedermann von ihnen wird an jenem Tag eine Angelegenheit haben, die ihn beschäftigt.“ [1]

---

[1] 'Abasa 80:34-37

5. Die Waage, mit der die Taten und der Handelnde gewogen werden.

فَمَن ثَقُلَتۡ مَوَٰزِينُهُۥ فَأُوْلَٰٓئِكَ هُمُ ٱلۡمُفۡلِحُونَ (١٠٢) وَمَنۡ خَفَّتۡ مَوَٰزِينُهُۥ فَأُوْلَٰٓئِكَ ٱلَّذِينَ خَسِرُوٓاْ أَنفُسَهُمۡ فِي جَهَنَّمَ خَٰلِدُونَ

„Wessen Waagschalen schwer sein werden, das sind diejenigen, denen es wohl ergeht. Wessen Waagschalen aber leicht sein werden, das sind diejenigen, die ihre Seelen verloren haben; in der Hölle werden sie ewig bleiben.“ [1]

6. Die Sammlung und Verteilung der Bücher. So wird den einen ihr Buch und die Aufschrift ihrer Taten in die rechte Hand gegeben und den anderen wird ihr Buch hinter ihrem Rücken in die linke Hand gegeben.

---

[1] Al-Mu'minun 23:102-103

فَأَمَّا مَنۡ أُوتِيَ كِتَٰبَهُۥ بِيَمِينِهِۦ فَيَقُولُ هَآؤُمُ ٱقۡرَءُواْ كِتَٰبِيَهۡ
(١٩) إِنِّي ظَنَنتُ أَنِّي مُلَٰقٍ حِسَابِيَهۡ (٢٠) فَهُوَ فِي عِيشَةٖ
رَّاضِيَةٖ (٢١) فِي جَنَّةٍ عَالِيَةٖ (٢٢) قُطُوفُهَا دَانِيَةٞ (٢٣) كُلُواْ
وَٱشۡرَبُواْ هَنِيٓـَٔۢا بِمَآ أَسۡلَفۡتُمۡ فِي ٱلۡأَيَّامِ ٱلۡخَالِيَةِ (٢٤) وَأَمَّا مَنۡ
أُوتِيَ كِتَٰبَهُۥ بِشِمَالِهِۦ فَيَقُولُ يَٰلَيۡتَنِي لَمۡ أُوتَ كِتَٰبِيَهۡ
(٢٥) وَلَمۡ أَدۡرِ مَا حِسَابِيَهۡ (٢٦) يَٰلَيۡتَهَا كَانَتِ ٱلۡقَاضِيَةَ
(٢٧) مَآ أَغۡنَىٰ عَنِّي مَالِيَهۡۜ (٢٨) هَلَكَ عَنِّي سُلۡطَٰنِيَهۡ (٢٩)

„Was nun jemanden angeht, dem dann sein Buch in seine Rechte gegeben wird, der wird sagen: „Ihr da, lest mein Buch. Ich glaubte ja, dass ich meiner Abrechnung begegnen werde." So wird er in einem zufriedenen Leben sein, in einem hohen Garten, dessen Pflückobst herabhängt. „Esst und trinkt als wohlbekömmlich für das, was ihr früher in den vergangenen Tagen getan habt." Was aber jemanden angeht, dem sein Buch in seine Linke gegeben wird, der wird sagen: „Oh, wäre mir doch mein Buch nicht gegeben worden! Und wüsste ich nicht, was meine Abrechnung ist! Oh, wäre dies doch nur das Ende (meines Lebens)! Nicht nützt mir mein Besitz. Vernichtet ist meine Macht(fülle) (auch: entschwunden ist mein Beweismittel)."[1]"

---

[1] Al-Haqqa 69:19-29

وَأَمَّا مَنْ أُوتِيَ كِتَـٰبَهُۥ وَرَآءَ ظَهْرِهِۦ (١٠) فَسَوْفَ يَدْعُوا۟ ثُبُورًا

(١١) وَيَصْلَىٰ سَعِيرًا (١٢)

„Was aber jemanden angeht, dem sein Buch hinter seinem Rücken gegeben wird, der wird nach Vernichtung[1] rufen und der Feuerglut ausgesetzt sein." [2]

7. Die Abrechnung (arab. Ḥisāb) und Rechenschaft, bei der Allāh Seine Diener bezüglich ihrer Taten befragen wird, bevor sie den Versammlungsort des Jüngsten Tages (arab. Maḥšar) verlassen. Bei der Befragung wird jeder Mensch seine Taten vorfinden:

يَوْمَ تَجِدُ كُلُّ نَفْسٍ مَّا عَمِلَتْ مِنْ خَيْرٍ مُّحْضَرًا وَمَا عَمِلَتْ مِن سُوٓءٍ تَوَدُّ لَوْ أَنَّ بَيْنَهَا وَبَيْنَهُۥٓ أَمَدًۢا بَعِيدًا وَيُحَذِّرُكُمُ ٱللَّهُ نَفْسَهُۥ ۗ وَٱللَّهُ رَءُوفٌۢ بِٱلْعِبَادِ

„An dem Tag wird jede Seele das, was sie an Gutem getan hat, bereitfinden. Und von dem, was sie an Bösem getan hat, hätte sie gern, wenn zwischen ihr und ihm ein weiter Abstand wäre." [3]

---

[1] Auch: Der wird rufen: „Oh, (meine) Vernichtung / (mein) Verderben!" (Anm. d. Übers.).

[2] Al-Insiqaq 84:10-12

[3] Āl ʿImrān 3:30

وَوَجَدُواْ مَا عَمِلُواْ حَاضِرًا وَلَا يَظْلِمُ رَبُّكَ أَحَدًا

„Sie finden (alles), was sie taten, gegenwärtig, und dein Herr tut niemandem Unrecht.“ [1]

8. Das Becken (arab. Ḥawḍ): Die feste Bestätigung, dass das Becken des Propheten (ﷺ) existiert und sich am Ort des jüngsten Tages befinden wird. Sein Wasser darin wird weißer sein, als die Milch, und süßer, als der Honig; seine Trinkgefäße so zahlreich in ihrer Anzahl, wie die Sterne des Himmels; seine Länge und Breite sind so groß, wie eine einmonatige Reise; wer davon trinkt, wird danach nie mehr durstig werden. [2] Dieses Becken mit seinen Eigenschaften ist speziell für den Propheten Muḥammad (ﷺ) bestimmt, wobei jeder Prophet ein Becken hat, jedoch ist dasjenige des Propheten Muḥammad (ﷺ) das Größte.

Al-Buḫārī führt in seinem Ṣaḥīḥ-Werk in dem Kapitel „al-Ḥawḍ“ die Worte Allāhs, des Erhabenen, an:

---

[1] Al-Araf 18:49

[2] Überliefert von al-Buḫārī Buch „ar-Raqā'iq“, Kapitel „al-Ḥawḍ wa qawluhu te'ālā innā A'ṭaynaka al-kawṯar min ḥadīṯ 'Abdillāh bin 'Amr qāle an-nabīyyu: „ḥawḍī masīrata šahr ma'ahu anğād min al-laban wa rīḥuhu aṭyab min al-misk wa kizānuhu ka nuğūm as-samā' man šariba minhu šarbatan fa lā yaẓma' abadan.“, Nr. 6579 und von Muslim Buch „al-Faḍāil“, Kapitel „Iṯbāt ḥawḍ an-nabī“, Nr. 2292.

إِنَّآ أَعۡطَيۡنَـٰكَ ٱلۡكَوۡثَرَ

„Wir haben dir ja al-Kauṯār gegeben.“ [1]

Danach nennt er eine Überlieferung, in der Abdullāh Ibn ʿAmr berichtete, dass der Prophet (ﷺ) sagte: *„Mein Ḥawḍ ist so groß wie eine einmonatige Reise; sein Wasser ist weißer als die Milch; sein Duft ist besser als Moschus, und seine Trinkgefäße sind wie die Sterne am Himmel. Wer davon trinkt, der wird niemals durstig sein.“*[2]

9. Die Brücke: Als Muslim muss man daran glauben, dass es eine Brücke (arab. Sirat) und nach ihr eine weitere Brücke (arab. Qantarah) zwischen dem Paradies und dem Höllenfeuer gibt, die über dem Abgrund der Hölle aufgestellt ist. Alle Menschen, sowohl die ersten, als auch die letzten, werden sie überqueren. Sie ist schärfer als ein Schwert und dünner als ein Haar. Die Menschen gehen darüber entsprechend ihrer Taten: Je nach dem ist die Geschwindigkeit, mit der ein Mensch die Brücke überschreitet, vergleichbar mit einem Augenblick, einem Blitzschlag, dem Wind, einem Rennpferd

---

[1] Al-Kauṯar 108:1

[2] Ḥadīṯ bei Al-Buḫārī (Nr.6579) u. Muslim (Nr.2292).

oder dem Kamelreiten. Manche rennen, andere gehen, einige werden kriechen und andere werden ins Feuer hinunterfallen. An den Kanten der Brücke befinden sich Hyänen und werden ihr diejenigen, über die der Befehl Allāhs ergangen ist, (in das Höllenfeuer) entreißen. Wenn die Gläubigen diese Strecke überquert haben, werden sie an der Qanṭarah zwischen dem Paradies und der Hölle angehalten, damit sie dort ihre wechselseitige Vergeltung ihrer genommenen Rechte ausüben. Wenn sie dann gereinigt wurden, wird ihnen erlaubt, das Paradies zu betreten.

10. Die Fürsprache (arab. Šafāʿah): Für einen anderen das Gute zu erbitten, was auf verschiedene Arten geschieht. Diese drei Arten sind speziell für den Propheten Muḥammad (ﷺ):

    1- Die große Fürsprache (arab. ʿUzma) für die Gläubigen am Tage des Gerichts, die dort stattfinden wird, wo die Menschen auf ihre Abrechnung warten werden.
    2- Die Fürsprache für die Bewohner des Paradieses, damit diese es betreten dürfen.
    3- Eine spezielle Fürsprache wird es für die Strafmilderung von Abū Ṭālib geben.

Diese Arten der Fürsprache sind nicht nur dem Propheten Muḥammad (ﷺ), sondern auch allen anderen Propheten, Wahrheitsliebenden, Märtyrern und rechtschaffenen Dienern Allāhs möglich.

1- Fürsprache für diejenigen, die das Höllenfeuer verdient haben, damit sie vor der Hölle bewahrt bleiben.
2- Fürsprache für diejenigen, die im Höllenfeuer sind, damit sie es verlassen dürfen.

Die Fürsprache wird von dem Propheten Muḥammad (ﷺ) vier Mal erbracht:

1- Für diejenigen, in deren Herzen Glaube im Gewicht eines Gerstenkorns vorhanden ist.
2- Für diejenigen, in deren Herzen Glaube im Gewicht eines Staub- oder Senfkorns vorhanden ist.
3- Danach für diejenigen, in deren Herzen das geringste Senfkorn an Glauben vorhanden ist.
4- Dann für diejenigen, die sagten: „Es gibt niemanden, der mit Recht angebetet wird, außer Allāh.“

Danach wird Allāh, der Erhabene, Menschen ohne Fürsprache, jedoch aufgrund Seiner Barmherzigkeit, Seiner Gnade und Seiner Güte aus dem Feuer befreien.

Allāh, der Erhabene, wird anschließend sagen: *„Die Engel, die Propheten und die Gläubigen haben ihre Fürsprache eingelegt. Es bleibt nur noch der Barmherzigste aller Barmherzigen...“* Dann wird Allāh eine Masse von Menschen die nie Gutes getan haben, aus dem Feuer greifen und sie von dort herausholen.[1]

Ibn Abū Al-ʿIzz nennt in seinem Kommentar zur „al-ʿAqīdah al-Ṭaḥawiyyah“ acht Kategorien der Fürsprache:

1. Die große Fürsprache (arab. Uzma) des Propheten (ﷺ), damit die Urteile über die Diener Allāhs gefällt werden.
2. Die Fürsprache für Menschen, die gleich viele Sünden wie gute Taten aufzeigen.
3. Die Fürsprache für Menschen, für die angeordnet wurde, dass sie ins Höllenfeuer kommen, damit sie davor bewahrt werden.

---

[1] Siehe: Ṣaḥīḥ al-Buḫārī, Buch „at-Tawḥīd“, Kapitel „qawluhu taʿālā: wuǧūhun jawma ʾiḏin naḍiratun ilā rabbihā naẓirah“, Nr. 7439 und Ṣaḥīḥ Muslim Buch „al-Īmān“, Kapitel „Maʿrifatu ṭarīq ar-ruʾyah“, Nr. 183, Wortlaut ist von Muslim.

4. Die Fürsprache, damit die Stufen für diejenigen erhöht werden, die bereits ins Paradies kamen.
5. Fürsprache für Völker, um ohne Abrechnung ins Paradies eintreten zu dürfen.
6. Die Fürsprache des Propheten (ﷺ) für seinen Onkel Abū Ṭālib, damit seine Strafe erleichtert wird.
7. Die Fürsprache des Propheten (ﷺ), damit allen gläubigen Muslimen der Eintritt in das Paradies gewährt wird.
8. Die Fürsprache für diejenigen der Gemeinschaft Muḥammad (ﷺ), die große Sünden (arab. Kabā'ir) begangen haben.[1]

11- Das Paradies und die Hölle: Als Muslim muss man daran glauben, dass das Paradies und das Höllenfeuer zwei Geschöpfe Allāhs sind, die bereits existieren und noch ewig existieren werden. Das Paradies ist der Ort, an dem Allāhs Freunde und Gefolgsleute sein werden und die Hölle ist der Ort Seiner Feinde.

Die Bewohner des Paradieses werden ewig darin sein, und die Ungläubigen (arab. Kuffār) werden ewige Bewohner der Hölle bleiben müssen.

---

[1] Siehe Šarḥ Al-ʿAqīdah Al-Ṭaḥawiyyah, S.252-262.

Der Gesandte Allāhs (ﷺ) hat sie beide gesehen, während des Gebets, als die Sonnenfinsternis stattfand und in der Nacht der Nachtreise zum siebten Himmel. Es wurde authentisch überliefert, dass der Tod in Form eines schwarzweißen Bocks[1] gebracht wird, welcher an einem Ort zwischen Paradies und Hölle gestellt und geschlachtet wird.
Anschließend wird gerufen: *„Oh, ihr Bewohner des Paradieses! Es gibt kein Sterben mehr. Ihr Bewohner des Höllenfeuers! Es gibt kein Sterben mehr.“*[2]

---

[1] Arab. ʾAmlaḥ: Weiß, wobei der Kopf etwas schwarz ist. (Anm. des Übers.)

[2] Siehe Ḥadīṯ bei Al-Buḫārī (Nr.6548), u. Muslim (Nr.2849 u. 2850).

2.6 Der Glaube an die Vorherbestimmung – bringe sie Gutes oder Schlechtes

Dieser Glaube beinhaltet vier Aspekte:

1- Der Glaube, dass Allāh über die Umstände Seiner Diener, deren Versorgung, derren Lebensdauer und ihre Taten Bescheid weiß. Er weiß, was in der Vergangenheit geschehen ist und was in Zukunft passieren wird. Nichts ist Ihm verborgen. Er sagt:

لِتَعۡلَمُوٓاْ أَنَّ ٱللَّهَ عَلَىٰ كُلِّ شَيۡءٖ قَدِيرٞ وَأَنَّ ٱللَّهَ قَدۡ أَحَاطَ بِكُلِّ شَيۡءٍ عِلۡمَۢا

„... damit ihr wisst, dass Allāh zu allem die Macht hat und dass Allāh ja alles mit Seinem Wissen umfasst." [1]

إِنَّ ٱللَّهَ بِكُلِّ شَيۡءٍ عَلِيمٞ

„Gewiss, Allāh weiß über alles Bescheid." [2]

---

[1] At-Talaq 65:12

[2] Al-'Ankabut 29:62

2- Der Glaube, dass Allāh alle Arten dessen, was Er vorherbestimmt hat, niedergeschrieben hat (arab. Maqādīr)[1]. Er sagt:

وَكُلَّ شَيْءٍ أَحْصَيْنَٰهُ فِيٓ إِمَامٍ مُّبِينٍ

„Alles haben Wir in einem deutlichen Verzeichnis erfasst.“ [2]

أَلَمْ تَعْلَمْ أَنَّ ٱللَّهَ يَعْلَمُ مَا فِى ٱلسَّمَآءِ وَٱلْأَرْضِ إِنَّ ذَٰلِكَ فِى كِتَٰبٍ إِنَّ ذَٰلِكَ عَلَى ٱللَّهِ يَسِيرٌ

„Weißt du denn nicht, dass Allāh weiß, was im Himmel und auf der Erde ist? Gewiss, das steht in einem Buch; gewiss, das ist Allāh ein leichtes.“ [3]

In Ṣaḥīḥ Muslim wird überliefert, dass der Prophet sagte: *„Allāh hat die Bestimmungen aller Geschöpfe fünfzigtausend Jahre, bevor Er die Himmel und die Erde erschuf, niedergeschrieben.“*[4]

---

[1]Siehe: Maʿāriğ al-qabūl von Ḥāfiẓ al-Ḥakamī Bd. 3 S. 928-940.

[2] Yā-Sīn 36:12

[3] Al-Hagg 22:70

[4] Ṣaḥīḥ Muslim, Buch „al-Qadar“, Kapitel „Ḥiğāğ Ādam wa Mūsā“, Nr. 2653 von ʿAbdillāh bin ʿOmar

Der Glaube an die Aufzeichnung der Vorherbestimmung betrifft fünf Arten der Vorherbestimmung:

1- Die allgemein umfassende Vorherbestimmung, die alle Geschöpfe umfasst. Dies bedeutet, dass Allāh sie kannte, sie festschrieb, sie wollte und sie dann erschuf. Dies sind die vier Stufen der Vorherbestimmung (arab. Qadr).

2- Die Aufzeichnung (der Schicksale am Tage) des Bündnisses, aufgrund der Worte Allāhs des Erhabenen: *„Bin ich nicht euer Herr?" Sie sagten: „Doch, wir bezeugen (es)!"* [1]

3- Die Vorherbestimmung, die sich auf das ganze Leben des Menschen bezieht, d.h. die Festlegung seiner Versorgung, seiner Lebensdauer, seiner Taten und ob er glücklich oder unglücklich sein wird. Diese Vorherbestimmung erfolgt am Ende des vierten Monat der Schwangerschaft, wenn sich der Säugling noch im Mutterleib befindet.

4- Die jährliche Vorherbestimmung. In der Nacht der Bestimmung (arab. Lailatu al-Qadr) wird aufgezeichnet, was im (nächsten) Jahr an Guten

---

[1] Al-A'raf 7:172: „Und als dein Herr aus den Kindern Adams, aus ihren Rücken, ihre Nachkommenschaft nahm und sie gegen sich selbst zeugen ließ: „Bin Ich nicht euer Herr?" Sie sagten: „Doch, wir bezeugen (es)!" (Dies,) damit ihr nicht am Tag der Auferstehung sagt: „Wir waren dessen unachtsam"."

oder Schlechten geschehen wird. Darunter fällt auch die Festlegung der Versorgung.

5- Die tägliche Vorherbestimmung, aufgrund der Worte des Erhabenen *„Jeden Tag befasst Er sich mit einer Angelegenheit“.* [1]

So vergibt Er Sünden, vertreibt Sorgen, erhöht die Stufen einiger Menschen und erniedrigt andere. Diese tägliche Vorherbestimmung ist eine detaillierte Ausführung der jährlichen Vorherbestimmung. Die jährliche Vorherbestimmung ist eine detaillierte Ausführung der Vorbestimmung, die sich auf das ganze Leben bezieht und die zu dem Zeitpunkt erfolgte, als die Seele in den Embryo im Mutterleib eingehaucht wurde.

Die Vorbestimmung, die sich auf das ganze Leben bezieht, ist eine detaillierte Ausführung der Vorbestimmung, die sich auch auf das Leben bezieht, die aber bereits zum Zeitpunkt des Bündnisses erfolgte (siehe Punkt 2). Und diese Vorbestimmung ist detaillierter als die Vorbestimmung, die das Schreibrohr in dem deutlichen Verzeichnis (arab. Īmān al-Mubin) niedergeschrieben hatte.[2]

---

[1] Ar-Rahman 55:29

[2] Siehe Al-Ḥakamī, Ḥāfiẓ Ibn Aḥmad, Maʿāriğ Al-Qabūl, 3/928-940.

3- Der Glaube daran, dass der Wille Allāhs ausgeführt wird. So trifft das ein, was Allāh will, und das, was Er nicht will, wird niemals eintreffen können.

وَمَا تَشَآءُونَ إِلَّآ أَن يَشَآءَ ٱللَّهُ رَبُّ ٱلْعَـٰلَمِينَ

„Und ihr könnt nicht wollen, außer dass Allāh will, (Er), der Herr der Weltenbewohner." [1]

إِنَّمَآ أَمْرُهُۥٓ إِذَآ أَرَادَ شَيْـًٔا أَن يَقُولَ لَهُۥ كُن فَيَكُونُ

„Sein Befehl, wenn Er etwas will, ist, dazu nur zu sagen: ‚Sei!', und so ist es." [2]

4- Der Glaube daran, dass Allāh der Schöpfer aller Dinge ist, und dass alles, was außer Ihm existiert, eines Seiner Geschöpfe ist.

ٱللَّهُ خَـٰلِقُ كُلِّ شَىْءٍ وَهُوَ عَلَىٰ كُلِّ شَىْءٍ وَكِيلٌ

„Allāh ist der Schöpfer von allem, und Er ist Sachwalter über alles." [3]

---

[1] At-Takwir 81:29

[2] Yā-Sīn 36:82

[3] Az-Zumar 39:62

3. Kapitel: Die Gemäßigkeit der Ahl as-Sunnah wa al-Ǧamāʿah

3.1 Die Ahl as-Sunnah vertritt den Standpunkt der Gemäßigkeit bezüglich der Eigenschaften Allāhs zwischen den Ahl at-Taʿṭīl und den Ahl at-Tamṯīl

Allāh, der Erhabene, sagt:

وَكَذَٰلِكَ جَعَلْنَـٰكُمْ أُمَّةً وَسَطًا

„Und so haben Wir euch zu einer Gemeinschaft der Mitte gemacht…“ [1]

Folglich vertritt der Islām einen Standpunkt der Gemäßigkeit im Vergleich zu den anderen Religionen und vertritt einen Standpunkt der Gemäßigkeit bezüglich der Sekten, die sich dem Islām zurechnen. Sie befinden sich in der Mitte zwischen den Ahl at-Taʿṭīl, die die Eigenschaften Allāhs verneinen und den Ahl at-Tamṯīl, die sie zwar bestätigen, dafür aber mit den Eigenschaften der Schöpfung gleichsetzen. Die Ahl as-Sunnah dagegen bestätigen (arab. Itbat) die

[1] Al-Baqarah 2:143

Eigenschaften Allāhs ohne sie den Eigenschaften der Geschöpfe gleichzustellen oder zu vergleichen (arab. Tanzih). Allāh widerspricht den anderen beiden Gruppen. Mit Seinen Worten *„Nichts ist Ihm gleich..."* widerlegt Er die Mušabbihah[1], die Allāh jede Ähnlichkeit mit Seinen Geschöpfen zuschreiben, und mit Seinen Worten *„und Er ist der Allhörende und Allsehende"* widerlegt Allāh die Ahl at-Taʿṭīl.[2]

3.2 Die Ahl as-Sunnah vertritt den Standpunkt der Gemäßigkeit bezüglich der Taten der Diener Allahs zwischen den Ǧabrīyyah und den Qadarīyyah

Die Ǧabriyyah sind die Anhänger von Ǧahm Ibn Ṣafwān. Sie sagen, dass der Diener zu seinen Handlungen gezwungen sei und keine Auswahlmöglichkeit habe, ähnlich einer Feder im Aufwind.

Die Qadariyyah gehören zur Muʿtazilah und folgen Muʿabbid Al- Ǧahnī. Sie und andere, die mit ihnen übereinstimmen, sagen, dass der Mensch selbst der Schöpfer seiner Handlungen sei, ohne dass der Wille

---

1 Eine Sekte, die Allāhs Eigenschaften mit denen der Schöpfung vergleichen. (Anm. des Übers.)

2 Siehe Al-Harās, Šarḥ Al-ʿAqīdah Al-Waṣaṭiyyah, S.126; ʿAbdulʿazīz Ibn Sulaimān, Al-Kawāšif Al-Ǧaliyyah ʿAn Maʿānī Al- Waṣaṭiyyah, S.494; Šarḥ Al-ʿAqīdah Al-Waṣaṭiyyah des Verfassers, S.49.

Allāhs oder Seine Macht dabei eine Rolle spielen würden.

Die Ahl as-Sunnah sind von Allāh rechtgeleitet und sie befinden sich zwischen diesen beiden Sekten. Sie glauben, dass Allāh Seine Diener erschuf und somit auch der Schöpfer ihrer Taten ist. Die Taten und die zum Handeln nötige Kraft der Diener sind ebenfalls von Allāh erschaffen.

وَٱللَّهُ خَلَقَكُمْ وَمَا تَعْمَلُونَ

„Wo doch Allāh euch und das, was ihr tut, erschaffen hat?" [1]

Sie bestätigen gleichzeitig, dass der Diener Allāhs einen eigenen Willen und eine eigene Auswahlfähigkeit hat, die dem Willen Allāhs folgen und vom Willen Allāhs abhängen. Und bei Allāh ersuchen wir Hilfe.[2]

وَمَا تَشَآءُونَ إِلَّآ أَن يَشَآءَ ٱللَّهُ رَبُّ ٱلْعَٰلَمِينَ

„Und ihr könnt nicht wollen, außer dass Allāh will, (Er), der Herr der Weltenbewohner." [3]

---

[1] As-Saffat 37:96
[2] Siehe Šarḥ Al-ʿAqīdah Al-Waṣaṭiyyah des Verfassers, S.50.
[3] At-Takwir 81:29

3.3 Die Ahl as-Sunnah vertritt den Standpunkt der Gemäßigkeit bezüglich der Androhung Allāhs zwischen den Waʿīdīyyah und Murǧiʾah

Die Murǧiʾah sind diejenigen, die sagen, dass Sünden dem Glauben nicht schaden würden, wie auch dem Ungläubigen keine Gehorsamkeit nützlich sei. Nach ihrer Auffassung sind die Taten kein Bestandteil des Glaubens und sie behaupten, dass der Īmān (Glaube) weder zunehme, noch abnehme. Folglich habe eine Person, die große Sünden begehe, dennoch einen vollkommenen Īmān. Diese Auffassung ist falsch.

Die Waʿīdīyyah, sind diejenigen, die rational argumentieren und sagen, dass Allāh den Sünder bestrafen müsse, so wie Er auch den Gehorsamen belohnen müsse. Daraus folgt, dass derjenige, der stirbt und keine Reue (arab. Tauba) vor seinem Tod bezüglich seiner großen Sünden gezeigt hat, für immer und ewig in der Hölle verweilen wird. Dies ist eine Grundlage der Muʿtazilah, welche auch zu den Grundlagen der Ḫawāriǧ gehört.

Jedoch sagen die Ahl as-Sunnah, dass derjenige, der eine große Sünde begeht, ohne sie für erlaubt (arab. Istiḥlāl) zu erklären, immer noch ein Gläubiger ist. Durch seine großen Sünden ist er jedoch ein Frevler geworden. Mit anderen Worten: Er ist ein Gläubiger mit einem unvollständigen Īmān geworden. Wenn er ohne Reue sterben würde, so stünde er unter dem Willen Allāhs. Das bedeutet, dass wenn Allāh ihm vergeben will, so vergibt Er Seinem Diener durch Seine Barmherzigkeit oder Er bestraft ihn entsprechend seiner Sünden aufgrund Seiner Gerechtigkeit und lässt ihn dann (aus dem Feuer) herauskommen.

إِنَّ ٱللَّهَ لَا يَغْفِرُ أَن يُشْرَكَ بِهِۦ وَيَغْفِرُ مَا دُونَ ذَٰلِكَ

لِمَن يَشَآ

„Allāh vergibt gewiss nicht, dass man Ihm (etwas) beigesellt. Doch was außer diesem ist, vergibt Er, wem Er will....“ [1]

3.4 Die Ahl as-Sunnah vertritt den Standpunkt der Gemäßigkeit bezüglich der Terminologie der Religion, des Glaubens und der Urteile zwischen den Muʿtazilah und Ḫawāriǧ und zwischen den Murǧiʾah und der Ǧahmīyyah

Mit der Terminologie der Religion sind Begriffe wie „wahrhaft Gläubiger (arab. Muʾmin)“, „Gottergebener (arab. Muslim)“, „Ungläubiger (arab.

[1] An-Nisāʾ 4:48

Kāfir)“, „Frevler (arab. Fāsiq)“ gemeint. Mit dem Urteil ist gemeint, was den Menschen angeht, sowohl im Diesseits, als auch im Jenseits:

1- Die Ḫawāriğ vertreten die Auffassung, dass jemand nur dann als Muʾmin bezeichnet werden kann, wenn er alle Pflichten erfülle und sich von allen großen Sünden fernhalte. Sie sagen, dass die Religion und der Īmān aus Wort, Tat und Glaube bestehe. Der Glaube nehme jedoch weder ab noch zu. Wenn jemand daher eine große Sünde begehe, so sei er im Diesseits als Ungläubiger anzusehen und im Jenseits werde er für alle Ewigkeiten im Feuer bleiben, wenn er nicht vor seinem Tod Tauba mache.

2- Die Muʿtazilah vertreten im Prinzip die gleiche Meinung wie die Ḫawāriğ. Sie stimmen in zwei Punkten mit ihnen übereinstimmen, vertreten aber in zwei anderen Punkten eine gegenteilige Auffassung.
    1- Ebenso wie die Ḫawāriğ sprechen sie einer Person, die eine große Sünde begangen hat, den Glauben ab.
    2- Sie vertreten die Auffassung, dass diese Person ewig im Feuer mit den übrigen Nichtmuslimen sein werde.

Sie widersprechen jedoch den Ḫawāriǧ in folgenden zwei Punkten:

1- Die Ḫawāriǧ bezeichnen eine solche Person im Diesseits als Kāfir.
2- Die Muʿtazilah hingegen sagen, dass er eine Stufe dazwischen innehabe, d.h. er sei aus dem Īmān ausgetreten, aber noch nicht in den Unglauben (arab. Kufr) eingetreten.

Die Ḫawāriǧ erklären sein Geld und Leben für erlaubt (d.h. vogelfrei), während die Muʿtazilah dies nicht tun.

3- Die Murǧiʾah sagen, dass Sünden dem Glauben nicht schaden würden, solange man gläubig sei, genauso wie es einem Kāfir nichts nützte, wenn er Allāh gehorsam sei. Folglich glauben sie, dass der Glaube nur aus der Bestätigung (arab. Tasdiq) des Herzens bestehe. So habe nach ihrer Auffassung eine Person, die große Sünden begeht, einen vollkommenen Glauben und verdiene es nicht, ins Feuer geworfen zu werden. Es wird deutlich, dass nach ihrer Auffassung der Glaube der unmoralischsten Person gleichwertig mit dem Glauben des vollkommensten Gläubigen ist.

4- Die Ǧahmīyyah stimmen mit den Murǧiʾah in diesem Punkt vollkommen überein.
Ibn Qayyim sagte, dass al-Ǧahm die Neuerung der Absprechung (arab. Taʿṭīl) Allāhs Eigenschaften, den Fatalismus (arab. Ǧabr) und den Glauben der Murǧiʾah (arab. Irǧāʾ) einführte.

5- Allāh hat der Ahl as-Sunnah zum Erfolg verholfen und folglich nimmt sie eine Position der Gemäßigkeit zwischen diesen beiden nichtigen und irregeleiteten Meinungen ein.
Sie glauben, dass der Īmān aus Worten und Taten besteht: Das Wort im Herzen und mit der Zunge und die Tat mit dem Herzen, der Zunge und dem Körper. Der Īmān steigt durch Gehorsamkeit und vermindert sich durch Sünden. Worte des Herzens sind die Bestätigung und die Gewissheit. Worte der Zunge sind die Aussprache der beiden Glaubensbekenntnisse und die Bestätigung dessen, sowie ihre Voraussetzungen und was damit zusammenhängt.
Taten des Herzens sind die Absicht (arab. Niyyah), die Aufrichtigkeit (arab. Iḫlāṣ), die Liebe, der Gehorsam, das sich Allāh Zuwenden und das Vertrauen auf Ihn, sowie all das, was dazu zählt, Voraussetzung davon ist oder daraus folgt.

Taten der Zunge sind alle Taten, die nur mit der Zunge ausgeführt werden können, wie z.B. das Lesen und Rezitieren des Qur'ān und der übrigen Gedenken Allāhs (arab. Aḏkār), das Gebieten des Guten und das Verbieten des Verwerflichen oder die Einladung zur Religion Allāhs des Erhabenen.

Taten des Körpers sind das Ausführen der Pflichten und das Meiden der verbotenen Dinge, dazu gehören u.a. das Beugen (arab. Rukūʿ) und das Niederwerfen (arab. Suğūd) im Gebet.

Derjenige, der große Sünden begeht, ist bei der Ahl as-Sunnah ein Gläubiger, jedoch ist sein Īmān unvollständig, d.h. er ist gläubig durch seinen Īmān und Frevler durch seine große Sünde. Im Gegensatz zu den Ḫawāriğ und den Muʿtazilah schreiben sie ihm seinen Īmān nicht gänzlich ab. Auch sagen sie nicht, dass sein Īmān vollkommen sei, wie die Murği'ah und Ğahmīyyah.

3.5 Die Ahl as-Sunnah vertritt den Standpunkt der Gemäßigkeit bezüglich den Gefährten des Propheten (ﷺ), zwischen den Rāfiḍah und den Ḫawāriğ

Die Rāfiḍah übertrieben, was die Stellung ʿAlīs und der Familienangehörigen des Propheten (ﷺ) (arab. Ahl al-Bait) anbelangt. Gleichzeitig stellten sie eine

Feindschaft bezüglich der Mehrheit der Gefährten (arab. Ṣaḥabah) auf, so wie gegenüber den drei (Kalifen[1]) und bezeichneten sie und diejenigen, die ihnen folgten, als Ungläubige (arab. Kuffār). Sie bezeichneten jeden, der ʿAlī bekämpfte als Kāfir und schreiben ihm den Īmān vollständig ab.

Die Ḫawāriǧ nahmen die genau entgegengesetzte Position ein und bezeichneten ʿAlī, Muʿāwiyyah und die Gefährten, die mit ihnen waren, als Kuffār.

Die Nawāṣib nahmen eine feindselige Stellung gegenüber ʿAlī und den Familienangehörigen des Propheten (ﷺ) ein und beschimpften sie. Jedoch hat Allāh die Ahl as-Sunnah zur Wahrheit rechtgeleitet, sodass sie nicht bezüglich ʿAlī und der Ahl al-Bayt übertreiben, noch nehmen sie eine feindliche Haltung gegenüber den Gefährten des Propheten (ﷺ) ein.

Sie bezeichnen sie weder als Kuffār noch nehmen sie einen feindliche Haltung gegenüber den Ahl al-Bayt ein, wie dies die Nawāṣib tun, sondern erkennen alle ihre Rechte und Vorzüglichkeiten an. Sie sprechen für sie Bittgebete, halten zu ihnen, erbarmen sich aller Gefährten und nehmen davon Abstand zu erklären,

---

[1] Abū Bakr, ʿUmār und ʿUṯmān (Allāhs Wohlgefallen auf ihnen) (Anm.d.Übers.).

was zwischen ihnen vorgefallen ist. Sie bitten für alle Gefährten um Barmherzigkeit und sind deshalb in der „Mitte" zwischen der Übertreibung der Rāfiḍah und der Untertreibung der Ḫawāriǧ.

Gemäß der sunnitischen Gemeinschaft waren die besten Gefährten (in dieser Reihenfolge): Abū Bakr, ʿUmar, ʿUṯmān, ʿAli und dann die übrigen der zehn Gefährten, denen das Paradies zugesichert worden war. Danach werden die Gefährten gemäß ihrer Stellung und Position klassifiziert.[1]

3.6 Die Ahl as-Sunnah vertritt den Standpunkt der Gemäßigkeit im Hinblick auf den Umgang mit den Gelehrten

Die Ahl as-Sunnah lieben ihre Gelehrten, haben ihnen gegenüber ein gutes Benehmen, verteidigen ihre Würde, verbreiten ihre lobenswerten Eigenschaften und erwerben von ihnen Wissen, das auf Belegen basiert. Sie sehen die Gelehrten als Menschen an, die nicht fehlerfrei sein können. Wenn ihnen in einer Angelegenheit ein Fehler unterläuft, sie etwas vergessen oder sie ein Stück weit ihrer Neigung folgen, so schmälert dies nicht ihre Stellung,

---

[1] Siehe Al-Kawāšif Al-Ǧaliyyah, S.505 u. Šarḥ Al-ʿAqīdah Al-Waṣaṭiyyah des Verfassers, S.57-58.

denn sie sind diejenigen, die das Erbe der Propheten (عليهم السلام) weitertragen. Die Propheten (عليهم السلام) haben weder Dīnāre noch Dirhams hinterlassen, sondern ihr Erbe ist das Wissen. So hat derjenige, der es erwarb, wahrlich ein großes Glück erlangt. Deswegen darf man sie weder beleidigen, verleumden noch beschimpfen. Auch darf man ihre Fehler nicht aufspüren und sie unter den Menschen verbreiten, weil darin ein großes Unheil liegt.[1]

Ibn ʿAsākir hat dies treffend ausgedrückt, indem er sagte: *„Oh mein Bruder, wisse, dass das Fleisch der Gelehrten vergiftet ist – möge Allāh dir und mir dazu verhelfen, Seine Zufriedenheit zu erlangen und Ihn in gebührender Furcht zu fürchten. Und es ist bekannt, wie Allāh die Geheimnisse derjenigen, die die Gelehrten schmählern, aufspürt."*[2] Und wisse, dass Allāh diejenigen, die sie herabsetzen, damit prüft und bestraft, dass ihre Herzen noch vor ihrem Tod absterben.

---

[1] Siehe: Rafʿ al-malām ʿan il'aimmat il-aʿlām von Šayḫ al-Islām ibn Taymīyyah in den Fatāwā, gesammelt von ʿAbdarraḥmān al-Qasim Bd. 20 S. 231-293 und Qawāʿid fī teʿāmul maʿa al-ʿUlamā von Dr. ʿAbdarraḥmān al-Luwaiḥiq S. 19-184

[2] Tabyīn Kiḏb Al-Muftarī, S.29-30.

فَلْيَحْذَرِ ٱلَّذِينَ يُخَالِفُونَ عَنْ أَمْرِهِۦٓ أَن تُصِيبَهُمْ فِتْنَةٌ أَوْ يُصِيبَهُمْ عَذَابٌ أَلِيمٌ

„(…) So sollen diejenigen, die Seinem Befehl zuwiderhandeln, sich vorsehen, dass nicht eine Versuchung oder schmerzhafte Strafe sie trifft.“ [1]

3.7 Die Ahl as-Sunnah vertritt den Standpunkt der Gemäßigkeit im Umgang mit den Befehlshabern

Sie sind zwischen den Übertreibern und den Untertreibern. Die Ahl as-Sunnah verbieten es, gegen die Befehlshaber der Muslime zu rebellieren und sich gegen die Anführer der Muslime aufzulehnen. Sie bestätigen, dass die Gehorsamkeit eine Pflicht ist, solange die Führer sie zu nichts verpflichten, was eine Sünde gegenüber Allāh darstellt. Sie beten für ihre Führer um Erfolg und das Rechte in ihren Worten und Taten. Dies alles, weil Allāh es zur Pflicht gemacht hat, ihnen zu gehorchen:

---

[1] An-Nur 24:63

يَـٰٓأَيُّهَا ٱلَّذِينَ ءَامَنُوٓا۟ أَطِيعُوا۟ ٱللَّهَ وَأَطِيعُوا۟ ٱلرَّسُولَ وَأُو۟لِى ٱلْأَمْرِ مِنكُمْ فَإِن تَنَـٰزَعْتُمْ فِى شَىْءٍ فَرُدُّوهُ إِلَى ٱللَّهِ وَٱلرَّسُولِ إِن كُنتُمْ تُؤْمِنُونَ بِٱللَّهِ وَٱلْيَوْمِ ٱلْـَٔاخِرِ ذَٰلِكَ خَيْرٌ وَأَحْسَنُ تَأْوِيلًا

„Oh, die ihr glaubt, gehorcht Allāh und gehorcht dem Gesandten und den Befehlshabern unter euch! Wenn ihr miteinander über etwas streitet, dann bringt es vor Allāh und den Gesandten, wenn ihr wirklich an Allāh und den Jüngsten Tag glaubt. Das ist am besten und am ehesten ein guter Ausgang.“[1]

ʿAbdullāh bin ʿOmar überliefert, dass der Prophet (ﷺ) sagte: *„Es ist eine Pflicht für einen Muslim (auf den Befehlshaber) zu hören und ihm zu gehorchen, ob es ihm gefällt oder nicht, außer wenn ihm etwas Unerlaubtes und eine sündhafte Tat befohlen wird. In solch einem Fall darf er dem Anführer weder gehorchen, noch auf ihn hören.“* [2]

---

[1] An-Nisā 4:59

[2] Al-Buḫārī, „al-Aḥkām“ Kapitel „as-Samʿ wa aṭ-Ṭāʿah li al-Imām mā lam yakun maʿṣiyah“, Nr. 7144 und Muslim Buch „al-ʾImārah“, Kapitel „Wuğūb ṭāʿat al-umerāʾ fī ġayri maʿṣiyah wa taḥrīmuhā fī al-maʿṣiya“ Nr. 1839. 3 Gesammelt von Muslim Buch „al-Imārah“, Kapitel „Wuğūb mulāzamah ğamāʿat al-muslimīn ʿinda“.

Ḥuḏayfah berichtete, dass der Prophet (ﷺ) gesagt hat: *„Es werden nach mir Befehlshaber kommen, die sich nicht nach meine Rechtleitung richten und nicht meiner Sunnah folgen. Und es wird unter ihnen Männer geben, die Herzen von Teufeln haben, verpackt in menschlichen Körpern.“* Er sagte: *„Was soll ich machen, oh Gesandter Allāhs wenn ich diese Zeit erlebe?“* Der Prophet (ﷺ) sagte: *„Hör zu und gehorche dem Befehlshaber auch wenn dadurch dein Rücken geschlagen und dein Eigentum von dir genommen wird. Höre auf ihn und gehorche!“*[1] Die Ahl as-Sunnah halten dringend zu diesem Verhalten an.

Der vorbildhafte Gelehrte, Abu al-Ḥasan ʿAlī bin Ḫalaf al-Barbahārī, sagt in seinem Buch „Šarh as-Sunnah“: *„Wenn du jemanden siehst, der Bittgebete (arab. Duʿāʾ) gegen den Befehlshaber richtet, so wisse, dass er seinen Gelüsten folgt. Und wenn du hingegen jemanden siehst, der Bittgebete um Rechtschaffenheit und Besserung für den Befehlshaber ausspricht, so wisse, dass er die Sunnah befolgt – wenn Allāh will!“*[2]

---

[1] Gesammelt von Muslim Buch „al-Imārah“, Kapitel „Wuǧūb mulāzamah ǧamāʿat al-muslimīn ʿinda ẓuhūr al-fitan“, Nr. 1847.
[2] Šarḥ as-Sunnah von al-Barbahārī S. 116.

Er zitiert mit entsprechender Überlieferungskette die folgende Aussage von al-Fuḍail Ibn ʿIyyāḍs: „*Wenn ich nur eine einziges Bittgebet hätte, das mit Sicherheit angenommen werden würde, so würde ich dieses für den Befehlshaber verwenden.*" Es wurde zu ihm gesagt: „*Oh Vater von ʿAlī! Bitte erläutere uns deine Aussage näher.*" Er sagte: „*Wenn ich es für mich sprechen würde, so hätte nur ich selbst davon Nutzen, aber niemand anderes darüber hinaus. Jedoch wenn ich es für den Befehlshaber verwenden würde, so verbessert er sich durch die Rechtleitung und durch seine Rechtschaffenheit würden sich folglich auch die Diener und der Staat bessern.*"[1]

[1] Šarḥ as-Sunnah von al-Barbahārī S. 117.

4. Kapitel: Die Tugenden der Ahl as-Sunnah wa al-Ǧamāʿah

Zu den großartigsten und wichtigsten Eigenschaften der Ahl as-Sunnah wa al-Ǧamāʿah gehören folgende:

4.1 Das Gebieten des Guten und das Verbieten des Schlechten

وَلْتَكُنْ مِنْكُمْ أُمَّةٌ يَدْعُونَ إِلَى الْخَيْرِ وَيَأْمُرُونَ بِالْمَعْرُوفِ وَيَنْهَوْنَ عَنِ الْمُنْكَرِ وَأُولَٰئِكَ هُمُ الْمُفْلِحُونَ

„Und es soll aus euch eine Gemeinschaft werden[1], die zum Guten aufruft, das Rechte gebietet und das Verwerfliche verbietet. Jene sind es, denen es wohl ergeht.“[2]

Und der Prophet (ﷺ) sagte: *„Wer von euch etwas Schlechtes sieht, soll es mit seiner eigenen Hand (durch Taten) ändern, wenn er dies jedoch nicht kann, dann mit der Zunge (durch Worte) und wenn er*

---

[1] Oder: „Und es soll unter euch eine Gemeinschaft sein.“ (Anm. d. Übers.)

[2] Āl-ʿImrān 3:104.

auch dies nicht kann, dann mit seinem Herzen (durch den Wunsch, es zu ändern), und dies ist die schwächste Stufe des Īmān."[1]

4.2 Der Ratschlag (arab. Naṣīḥah)

Aufrichtiger Rat, was Allāh, Sein Buch, Seinen Gesandten, die Anführer der Muslime und die Allgemeinheit der Muslime betrifft. Die Gläubigen sind wie ein Gebäude, indem sie sich gegenseitig stärken.

4.3 Ihre Barmherzigkeit

Sie sind mit ihren muslimischen Brüdern und Schwestern barmherzig und rufen sie zu moralischen Tugenden, Charaktereigenschaften und wohltätigen Taten auf. Sie gebieten Geduld und Güte gegenüber den Dienern Allāhs, gemäß ihrer jeweiligen Situation, und was ihnen gegenüber den Verwandten, Waisen und Armen auferlegt ist, sowie anderen Dingen, die zu den guten Eigenschaften gehören.[2]

---

[1] Ṣaḥīḥ Muslim Buch „al-Īmān", Kapitel "kawn an-nahi ʿan il-munkar min al-Īmān wa anna al-Īmān yazīd wa yanquṣ wa anna al-amra bi al-mʿarūf wa an-nahiya ʿan il-munkar waǧibān", Nr. 49.

[2] Siehe Šarḥ al ʿAqīdah al Wāṣiṭiyyah von Ibn Taymīyyah von dem großen Gelehrten Muḥammad Ḫalīl al-Hurrās, S. 258 und Šarḥ al ʿAqīdah al Wāṣiṭiyyah von Šayḫ al-Islām ibn Taymīyyah vom Autor, S. 86-87.

Wir bitten Allāh uns zu der erretteten Gruppe gehören zu lassen, die keinen Schaden nimmt, sei es durch die Verräter oder durch die Abweichler, bis Allāhs Befehl ergeht. Wahrlich, Er ist zu allem mächtig – möge Er unser Bittgebet erhören.

Möge Allāhs Frieden und Segen auf Seinem Diener und Gesandten, unserem Propheten Muḥammad (ﷺ) sein, wie auch auf seiner Familie und allen seinen Gefährten.

Dies war ein kurzer Überblick bezüglich der Erläuterung der Glaubenslehre der Ahl as-Sunnah wa al-Ǧamāʿah und der Pflicht, sie zu befolgen. Ich habe, um den Inhalt kurz zu fassen, in dieser Vorlesung dem, was der edle und große Gelehrte ʿAbdalʿazīz bin ʿAbdillāh bin Bāz hörte, nichts hinzugefügt. Wer sich aber gerne eingehender mit der Thematik beschäftigen möchte, sollte sich folgenden Büchern widmen:

1. Uṣūl as-Sunnah von Imām as-Sunnah Aḥmad bin Ḥanbal (gest. 241 n.H.)

2. Kitāb as-Sunnah von Abdillāh bin al-Imām Aḥmad (gest. 290 n.H.)

3. Kitāb as-Sunnah von Ḥāfiẓ Abī Bakr ʿAmr bin Abi ʿĀṣim aḍ-Ḍaḥḥāk (gest. 287 n.H.)

4. Kitāb at-Tawḥīd von Imām bin Ḫuzaymah (gest. 311 n.H.)

5. Maqālāt al-Islāmiyīna von Imām Abi al-Ḥasan al-Ashʿarī (gest. 330 n.H.)

6. Šarḥ as-Sunnah von Imām Abi Muḥammad al-Ḥasan bin ʿAlī al-Barbahārī (gest. 329 n.H.)

7. Al-ʾIbānah ʿan Šariʿat al-Firqat in-Nāǧiyah wa Muǧānabat al-Firaq al-maḏmūmah von Imām bin Baṭṭah (gest. 387 n.H.)

8. Kitāb al-Īmān von Ibn Mandah (gest. 395 n.H.)

9. Uṣūl Ahl as-Sunnah von Ibn Zamanayn (gest. 399 n.H.)

10. Kitāb at-Tawḥīd wa maʿrifatu Asmāʾ Illāhi wa Ṣifātihi ala al-ittifāq wa at-tafarrud von Hāfiz ibn Mandah (gest. 395 n.H.)

11. Šarḥ Uṣul Iʿtiqād Ahl as-Sunnah wa al-Ǧamāʿah von Imām Abi al-Qāsim al-Lālakāʾī (gest. 418 n.H.)

12. Al-ʿAqīdah aṭ-Ṭaḥāwīyyah von Imām aṭ-Ṭaḥāwī (gest. 321 n.H.)

13. Šarḥ as-Sunnah von Imām al-Baghawī (gest. 516 n.H.)

14. Lum'at al-I'tiqād von Imām Abdillāh bin Aḥmad bin Qudāmah (gest. 620 n.H.)

15. Šarh al-'Aqīdah aṭ-Ṭaḥāwīyyah von Ibn Abi al-'Izz (gest. 792 n.H.)

16. Al-'Aqīdah al-Wāsiṭiyyah von Šayḫ al-Islām bin Taymīyyah (gest. 728 n.H.) Er wurde auch in den Fatāwā gedruckt Bd. 3 S. 129-159.

17. Al-Fatwā al-Ḥamawīyyah von Ibn Taymīyyah, welche auch in den Fatāwā gedruckt ist Bd. 5 S. 5-120.

18. Kitāb at-Tawḥīd von Muḥammad ibn 'Abd al-Wahhāb (gest. 1206 n.H.) und seine Erläuterung Fatḥ al-Mağīd von 'Abdarraḥmān bin Ḥasan bin Muḥammad ibn 'Abd al-Wahhāb (gest 1285 n.H.)

Und zu den nützlichen Büchern der heutigen Gelehrten gehören folgende:

1. Šarh al-'Aqīdah al-Wāsiṭīyyah von Muḥammad Ḫalīl al-Hurrās

2. Al-'Aqīdah aṣ-Ṣaḥīhah wa mā juḍāḍḍuhā von Bin Bāz

3. 'Aqīdat Ahl as-Sunnah wa al-Ğamā'ah von Ibn 'Uṯaymīn

4. Šarḥ Uṣūl al-Īmān von Ibn 'Uṯaymīn

5. Mafhūm 'Aqīdat Ahl as-Sunnah wa al-Ğamā'ah

6. Mabāḥiṯ fī 'Aqīdat Ahl as-Sunnah wa al-Ğamā'ah, beide von Dr. Nāṣir al-'Aql

7. Min Uṣūl 'Aqīdat Ahl as-Sunnah wa al-Ğamā'ah von Ṣāliḥ al-Fawzān

8. Muğmal I'tiqād Ahl as-Sunnah wa al-Ğamā'ah von Dr. Nāṣir al-'Aql

9. 'Aqīdat Ahl as-Sunnah wa al-Ğamā'ah: Mafhūmuhā wa ḫaṣāi'suha wa ḫaṣā'iṣ Ahliha von Muḥammad bin Ibrāhīm al-Ḥamad, taqdīm Bin Bāz